Georg Schädle

Heilsgeschichte

Materialien zum Grundwissen Religion

Kopiervorlagen
für Freiarbeit, handlungsorientierten
Unterricht oder Lernzirkel

Auer Verlag GmbH

Gedruckt auf umweltbewusst gefertigtem, chlorfrei gebleichtem
und alterungsbeständigem Papier.

1. Auflage. 2006
© by Auer Verlag GmbH, Donauwörth
Alle Rechte vorbehalten
Das Werk und seine Teile sind urheberrechtlich geschützt. Jede Nutzung in anderen
als den gesetzlich zugelassenen Fällen bedarf der vorherigen schriftlichen Einwilligung
des Verlages. Hinweis zu § 52 a UrhG: Weder das Werk noch seine Teile dürfen ohne
eine solche Einwilligung eingescannt und in ein Netzwerk eingestellt werden.
Dies gilt auch für Intranets von Schulen und sonstigen Bildungseinrichtungen.
Zeichnungen: Mirjam Schädle, Donauwörth
Gesamtherstellung: Ludwig Auer GmbH, Donauwörth
ISBN 3-403-03735-5

www.auer-verlag.de

Inhalt

Vorwort 4
Hinweise zur Arbeit mit dem Material 6

DIE BIBEL IM ÜBERBLICK

Die Bücher des Alten Testamentes (AT) 7

Die Bücher des Neuen Testamentes (NT) 10

Überblick über das Leben Jesu 15

Personen im Leben Jesu 19

Personengruppen aus dem Umfeld Jesu 23

Begriffe aus dem Umfeld Jesu 27

Landkarte von Palästina zur Zeit Jesu 35

ZEITSTRAHL

Stationen der Heilsgeschichte (Teil 1): Anfang bis 900 v. Chr. 41

Stationen der Heilsgeschichte (Teil 2): 900 v. Chr. bis 30 n. Chr. 44

Stationen der Heilsgeschichte (Teil 3): 30 n. Chr. bis heute 47

Kontrollfragen 50
Lösungsblatt 51

Vorwort

Allgemeine Klagen über mangelndes Glaubenswissen der Schüler und Unzufriedenheit über die inhaltlich unklare und methodisch wenig anregende Aufbereitung mancher Medien haben dazu geführt, die nachfolgenden Themen zum Grundwissen des katholischen Religionsunterrichts zu erarbeiten und anzubieten.
Inhalt und Form der Materialien sind in langjähriger Unterrichtspraxis des Verfassers als Religionslehrer (Grund-, Haupt- und Förderschule), als Ausbilder und Schulbuchautor gereift und fühlen sich den Anforderungen heutiger Religionsdidaktik verpflichtet.
Besonderer Wert wurde bei der Erstellung des Materials auf große inhaltliche Klarheit und breite didaktische Einsatzmöglichkeit gelegt. Im Einzelnen bedeutet das:

Sprache:
- eindeutige Begriffe,
- klare Strukturen,
- verständliche Erklärungen,
- zeitgemäße Ausdrucksweise,
- knappe überschaubare Texte.

Bilder:
- ansprechende Zeichnungen,
- kindgemäße Darstellungsformen,
- Veranschaulichung des inhaltlichen Zentrums.

Aufbau des Materials:
- Zu jedem Thema gibt es ...
  - eine **Übersichtskarte**, die das Thema kurz umreißt,
  - eine **Anweisungskarte**, die die Arbeitsanleitung enthält,
  - und **Materialkärtchen**, die die thematischen Aspekte beinhalten.
- Die Anweisungskärtchen sind aufgegliedert in
  - **Grundaufgaben**, die ohne Zusatzmittel leicht bearbeitbar sind,
  - **schwerere Aufgaben** (➪), die weiterführend sind und deren Lösung nur mit zusätzlichem Material möglich ist, das jedoch im Buch abgedruckt ist,
  - **sehr anspruchsvolle Aufgaben** (➪➪), für deren Lösung gelegentlich in der Bibel oder im „Gotteslob" nachzuschlagen ist,
  - und **Gestaltungsaufgaben** (☞), die das Thema in den emotional-subjektiven oder kreativ-künstlerischen Bereich weiterführen.
- alle Materialkärtchen sind mit Symbolen versehen, die der eindeutigen Zuordnung zum jeweiligen Thema dienen,
- daneben sind alle Materialkärtchen mit Zeichen (Zahlen, Buchstaben) versehen, diese dienen der Lösungskontrolle (Lösungsblatt im Anhang).

Einsatzmöglichkeiten:
- in der **Freiarbeit**; die Schüler können mittels der Kärtchen (kopiert auf verschiedenfarbigem Papier, laminiert) eigenständig am Thema arbeiten
- im **herkömmlichen Unterricht** (als Arbeitsblätter mit veränderter Anordnung zum Ausschneiden und Zusammenfügen) mit Schwerpunktsetzung Schüler- und Handlungsorientierung
- in einem **Lernzirkel**, da alle Themen ähnlich zu bearbeiten sind (Strukturkontinuität), und die Grundaufgaben vom Umfang und Schwierigkeitsgrad nahezu gleich sind.
- Darüber hinaus können die Lehrerinnen und Lehrer das Material als Folie auf dem Tageslichtprojektor verwenden,
- vergrößert als Wort- und Bildkarten bei der Tafelarbeit,

- als Legematerial im Sitzkreis,
- auch als Baukastensystem, mit dem zuerst einfache, später komplexere Lernvorgänge eingeleitet werden können.

Zielgruppe:

- Konzipiert sind diese Materialien für Schülerinnen und Schüler von der vierten bis zur achten Jahrgangsstufe.
- Einzelne Elemente (Begriffe, Bilder, einfache Erklärungen) können auch bei jüngeren Kindern eingesetzt werden, andere Elemente (Strukturkärtchen, ausführliche Erklärungen und weiterführende Arbeitsaufträge) auch bei älteren Jugendlichen.
- Das Material ist auch gut im außerschulischen Bereich (Sakramentenvorbereitung) verwendbar.

Lernart:

- Die Schüler lernen anhand des Materials im handelnden Umgang auf attraktive Weise spielerisch.
- Sie legen die Kärtchen in eine logische Reihenfolge, ordnen Bilder, Erklärungen und Strukturen zu.
- Sie können eigenständig und ganzheitlich lernen.
- Sie lernen weniger durch Lesen und Einprägen als durch Sich-Auseinandersetzen und Verstehen.
- Sie können ihre Ergebnisse selbst überprüfen (Erfolgskontrolle).
- Sie können nach den Grundaufgaben entscheiden, welche Wahlaufgaben sie bearbeiten wollen, so haben höher motivierte und leistungsstärkere Schüler weitergehende Lernmöglichkeiten (Differenzierung).
- Die Arbeit kann in Einzelarbeit, aber auch in Partner- oder Kleingruppenarbeit durchgeführt werden.

Intention:

- Das Material dient der Klärung, Wiederholung, Stabilisierung und Vertiefung religiösen Wissens.
- Das Material ist lehrplan-, jahrgangs- und schulartübergreifend konzipiert.

So soll diese Unterrichtshilfe dazu beitragen, dass Schülerinnen und Schüler im praktischen Tun ihr Glaubenswissen mehren – im Dienst für ein gelingendes Leben.

Hinweise zur Arbeit mit dem Material:

☞ Jedes Thema hat eine Übersichtskarte (DIN A5). Auf dieser stehen Thema und kurze Zusammenfassung des Themas. Beispiel:

Thema ⟶

Zusammenfassung des Themas ⟶

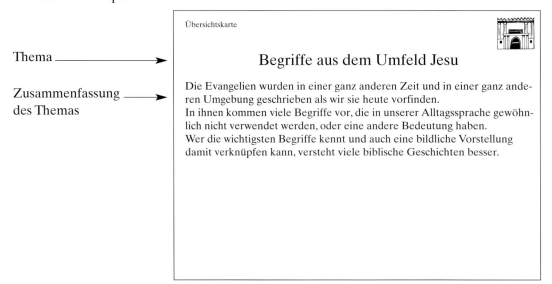

☞ Jedes Thema hat eine Anweisungskarte (DIN A5). Auf ihr finden sich die Arbeitsaufträge, die der Reihe nach bearbeitet werden. Sie gibt Auskunft über Grund- und Wahlaufgaben sowie den Schwierigkeitsgrad, außerdem bietet sie einen Gestaltungsvorschlag. Beispiel:

Grundaufgaben ⟶

weiterführende anspruchsvollere Wahlaufgaben ⟶

Gestaltungsaufgabe ⟶

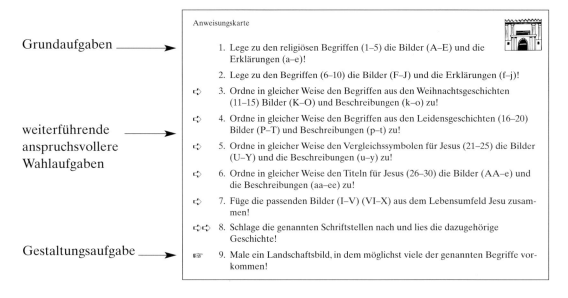

☞ Jedes Thema besteht aus einzelnen Kärtchen, die einander zugeordnet werden müssen. Beispiel:

Zeichen zur Lösungskontrolle   Themensymbol

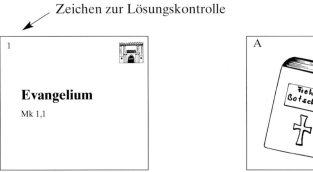

Wortlaut-Kärtchen   Bildkärtchen   Erklärungskärtchen

Übersichtskarte

Die Bücher des Alten Testamentes

Genau genommen ist die Bibel eine Bibliothek mit 73 Einzelbüchern. Sie lassen sich in zwei Gruppen einteilen, in ein Altes Testament (46 Bücher) und ein Neues Testament (27 Bücher). Gemeint ist damit der Alte Bund, den Gott mit dem Volk Israel in der Zeit vor Jesus geschlossen hat, und der Neue Bund, der mit Jesus und allen Menschen begonnen hat. Die Bücher des Alten Testamentes berichten von der Geschichte des Gottesvolkes und seinen Erfahrungen mit Gott. Sie erzählen von der Erschaffung der Welt, den Stammvätern des Volkes, von Mose und der Rettung aus der Sklaverei, von den Zehn Geboten und den anderen Gesetzen, von den Führern und Königen Israels, die das Reich regierten. Sie listen Lebensweisheiten auf, die zu gelingendem Leben verhelfen und bieten in den Psalmen einen reichen Gebetsschatz für alle Lebenslagen. Die Schriften der Propheten, die immer wieder Gottes Wort überbrachten, mahnen und trösten.

Anweisungskarte

1. Ordne die Regalbretter (1–4) mit den Büchern des Alten Testamentes in die richtige Reihenfolge!

2. Ordne die entsprechenden Erklärungen (A–D) zu!

⇨ 3. Ordne die Namen der alttestamentlichen Bücher (a–d) den Erklärungen zu, ebenso die Abkürzungen (I–IV) und die Bilder (①–④)!

⇨ 4. Suche zur jeweiligen Abkürzung (I–IV) das entsprechende Buch des Alten Testamentes!

⇨ ⇨ 5. Schlage folgende Schriftstellen nach, um einen kleinen Überblick über die bekanntesten Geschichten aus dem Alten Testament zu erhalten:
Gen 1,1–5; Gen 7,1–5; Gen 12,1–9; Ex 14,29–31; Ex 20,1–21; 1 Sam 17,1–8; Ps 23; Jes 9,1–6.

⇨ ⇨ 6. Suche dir aus irgendeinem Buch des Alten Testamentes einen Vers heraus, der dich anspricht, und notiere die Bezeichnung (Buch/Kapitel/Vers) der Schriftstelle! Schreibe ihn in schöner Zierschrift auf. Lass deinen Partner diese Schriftstelle suchen!

☞ 7. Bastle ein Bücherregal (Papier, Holz …) und 46 Bücher! Beschrifte die Regalfächer und die Bücher und stelle sie ins entsprechende Regalfach!

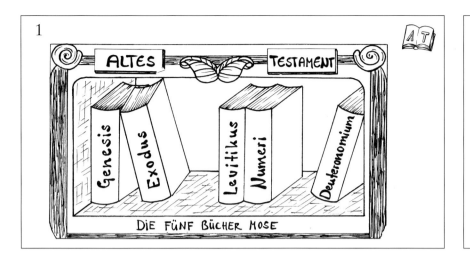

A

Die ersten fünf Bücher des Alten Testamentes werden **Mose** zugeschrieben.
Die Juden nennen sie Tora, die Griechen Pentateuch.
Sie zeigen, wie Gott im Laufe der Geschichte an seinem Volk Israel gehandelt hat. Er hat sein Volk gerufen, begleitet, gerettet und ihnen eine Heimat geschenkt. Er hat mit ihnen einen Bund geschlossen und ihnen durch die Zehn Gebote und das Gesetz eine feste Lebensordnung gegeben.

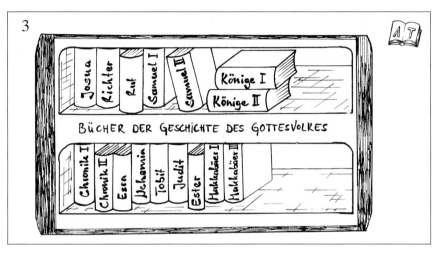

C

Vom Buch Josua bis zu den Büchern der Makkabäer wird ein Zeitraum vom Tod des Mose im 13. Jahrhundert bis zum 2. Jh. v. Chr. umfasst. Hier wird die **Geschichte** des Volkes Israel erzählt, von seinen Führern und Königen, den Auseinandersetzungen mit den Nachbarvölkern, den Niederlagen und Neuanfängen und der ständigen Begleitung durch Gott.

D

In diesen Büchern sind **Weisheiten** des Lebens zusammengefasst. Sie wollen zu einer gelingenden Beziehung der Menschen untereinander und zu Gott beitragen.
Im Buch der **Psalmen** sind 150 Gebete aufgezeichnet. Viele werden König David zugeschrieben. In verschiedenen Lebenslagen loben, danken und bitten Menschen Gott oder klagen ihm ihre Sorgen.

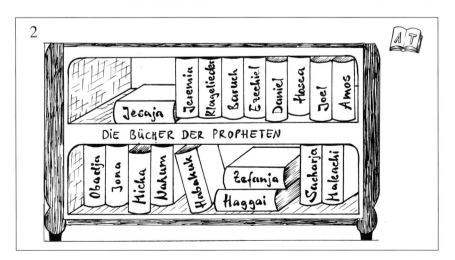

B

In diesen Schriften stehen die „Sprecher Gottes" und ihre Botschaft im Mittelpunkt. Gott hat sie berufen, für ihn zu reden. Die **Propheten** scheuen sich nicht, vor den König, die Priester oder das Volk zu treten, um ihnen ihre Verfehlungen vorzuhalten. Sie mahnen und drohen Unheil an, sie rufen zur Umkehr auf, trösten in der Not und verheißen Gottes Rettung. Sie künden den Messias, den Gesalbten des Herrn an, der alle Menschen retten wird.

a Das Buch Genesis Das Buch Exodus Das Buch Levitikus Das Buch Numeri Das Buch Deuteronomium	**I** *Dtn* *Num* *Lev* *Ex* *Gen*	**①** 
d Das Buch Josua Das Buch der Richter Das Buch Rut Das erste Buch Samuel Das zweite Buch Samuel Das erste Buch der Könige Das zweite Buch der Könige Das erste Buch der Chronik Das zweite Buch der Chronik Das Buch Esra Das Buch Nehemia Das Buch Tobit Das Buch Judit Das Buch Ester Das erste Buch der Makkabäer Das zweite Buch der Makkabäer	**III** *1 Kön Ri* *1 Sam Rut Jos* *2 Kön 2 Sam Est* *Esra 2 Chr 1 Chr* *Jdt Neh 1 Makk* *2 Makk Tob*	**④** 
b Das Buch Job Die Psalmen Das Buch der Sprichwörter Das Buch Kohelet Das Hohelied Das Buch der Weisheit Das Buch Jesus Sirach	**IV** *Weish* *Ijob* *Sir* *Spr* *Hld* *Ps* *Koh*	**②** 
c Das Buch Jesaja Das Buch Jeremia Die Klagelieder Das Buch Baruch Das Buch Ezechiel Da Buch Daniel Das Buch Hosea Das Buch Joel Das Buch Amos Das Buch Obadja Das Buch Jona Das Buch Micha Das Buch Nahum Das Buch Habakuk Das Buch Zefanja Das Buch Haggai Das Buch Sacharja Das Buch Maleachi	**II** *Mi Mal Dan* *Jona Sach Ez* *Hag Obd Bar* *Zef Am Klgl* *Hab Joel Jer* *Nah Hos Jes*	**③** 

Übersichtskarte

Die Bücher des Neuen Testamentes

Das Neue Testament entstand im ersten Jahrhundert nach Christus und erzählt von den Worten und Taten Jesu, seinem Tod und seiner Auferstehung (vier Evangelien) sowie von den Taten der Apostel (Apostelgeschichte). Daneben gibt es Einblick in das Leben der ersten Christengemeinden (Briefe) und endet mit Vorstellungen vom Ablauf der Zukunft (Offenbarung). Das Neue Testament ist genau betrachtet kein Buch, sondern eine Zusammenfassung von 27 verschiedenen eigenständigen Schriften. Es dient dazu, die frohe Botschaft von Jesus zu verkünden und die Christen im Glauben zu stärken.
Es ist in einem langen Prozess entstanden.

Anweisungskarte

1. Ordne die Regalbretter mit den Büchern (1–4) in die richtige Reihenfolge!
2. Ordne die entsprechenden Erklärungen (A–D) zu!
3. Ordne die Namen der neutestamentlichen Bücher (a–d) zu, ebenso die Abkürzungen (I–IV) und die Bilder (①–④)!
4. Die Evangelien sind in einem langen Prozess entstanden. Ordne die vier Entstehungsschritte (11–14) in eine logische Reihenfolge! Ordne die entsprechende Beschreibung (AA–DD) zu, ebenso die entsprechenden Bilder (aa–dd)!
5. Die vier Evangelien sind verschieden. Ordne die Bücher (21–24) in die Reihenfolge, wie sie im Neuen Testament abgedruckt sind! Ordne ihnen die Erklärungen (EE–HH) und die Evangelistensymbole (ee–hh) zu!
6. Schlage in einem Neuen Testament den Anfang aller 27 Einzelschriften auf und lies jeweils die ersten Verse!
7. Die Bibel ist in Kapitel und Verse eingeteilt. So lässt sich jede Schriftstelle leicht auffinden. Wenn du folgende Texte nachliest, bekommst du einen kurzen Überblick über das Leben Jesu: Lk 2,1–8; Lk 5,1–11; Lk 6,1–5; Lk 19,28–38; Lk 23,1–12; Lk 24,1–12.
8. Bastle ein Bücherregal (Papier, Holz …) und 27 Bücher! Beschrifte die Regalfächer und die Bücher und stelle sie ins entsprechende Regalfach!

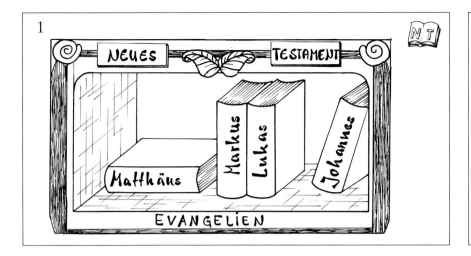

A

Den Anfang des Neuen Testamentes bildet eine Gruppe von vier Büchern. In diesen bezeugen die Evangelisten Matthäus, Markus, Lukas und Johannes die Worte und Taten Jesu, seinen Tod und seine Auferstehung. Jeder erzählt auf seine Weise diese frohe Botschaft. Der Name für diese vier Bücher kommt aus dem Griechischen und bedeutet „Gute Nachricht".

C

In diesem Buch erzählt Lukas von den Taten der Apostel, vor allem von Petrus, Johannes und Paulus. Das Buch entstand zwischen 80 und 90 n. Chr. Es beginnt mit der Zeit nach Ostern (Aussendung, Himmelfahrt und Pfingsten) und führt weiter bis zu den Missionsreisen des Paulus. Es schildert die Entwicklung der jungen Kirche aus dem Judentum heraus. Am Ende stehen sich Kirche und Judentum als zwei getrennte Religionsgemeinschaften gegenüber.

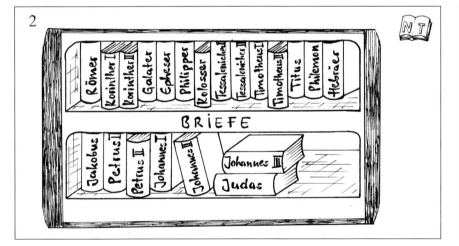

B

Hier wird auf Glaubensfragen geantwortet, werden Schwierigkeiten im Gemeindeleben zu lösen versucht, seelsorgliche Anweisungen gegeben und neu bekehrte Christen ermahnt, einander zu trösten und zu stärken. Diese Schriften werden eingeteilt in 14 „paulinische", weil sie auf Paulus zurückgehen, und 7 „katholische", weil sie nicht an einzelne Gemeinden gerichtet sind, sondern an alle.

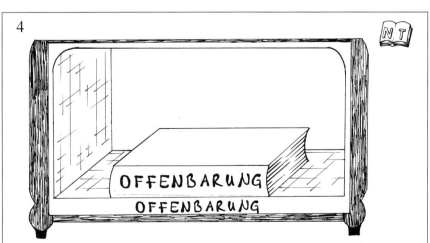

D

Das letzte Buch der Bibel wird auch „Apokalypse" (griechisch: Enthüllung) genannt. Es ist ein großes Trost- und Mahnbuch. Der Verfasser Johannes schreibt an sieben Gemeinden einer römischen Provinz in einer Zeit, als der Zwang zur göttlichen Verehrung des Kaisers die Christen in große Bedrängnis brachte. Die Enthüllung geschieht durch Schauen und Hören über den Ablauf der Zukunft (Weltende) in vielen Bildern.

a Das Evangelium nach Matthäus Das Evangelium nach Markus Das Evangelium nach Lukas Das Evangelium nach Johannes	**I** *Mk* *Mt* *Joh* *Lk*	**①** 
c Die Apostelgeschichte	**IV** *Apg*	**④** 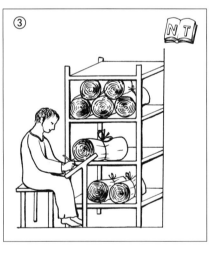
b Der Brief an die Römer Der 1. Brief an die Korinther Der 2. Brief an die Korinther Der Brief an die Galater Der Brief an die Epheser Der Brief an die Philipper Der Brief an die Kolosser Der 1. Brief an die Tessalonicher Der 2. Brief an die Tessalonicher Der 1. Brief an Timotheus Der 2. Brief an Timotheus Der Brief an Titus Der Brief an Philemon Der Brief an die Hebräer Der Brief des Jakobus Der 1. Brief des Petrus Der 2. Brief des Petrus Der 1. Brief des Johannes Der 2. Brief des Johannes Der 3. Brief des Johannes Der Brief des Judas	**II** *Jud Hebr Kol* *3 Joh Phlm Phil* *2 Joh Tit Eph* *1 Joh 2 Tim Gal* *2 Pet 1 Tim 2 Kor* *1 Pet 2 Thess 1 Kor* *Jak 1 Thess Röm*	**③** 
d Die Offenbarung des Johannes	**III** *Offb*	**②** 

11 **Erfahrungen mit Jesus**	AA Jesus war um das Jahr 30 n. Chr. etwa drei Jahre lang unterwegs. Er lehrte, heilte Kranke und schenkte Sündern einen neuen Anfang. In dieser kurzen Zeit konnten Menschen seine Art zu reden und zu handeln erleben. Sie konnten sein Leiden und Sterben sehen und Auferstehung erfahren.	aa 
14 **mündliche Überlieferung**	CC Ungefähr von 30 bis 50 n. Chr. verkündeten die Jüngerinnen und Jünger Jesu Tod und seine Auferstehung. Sie erzählten von seinem Leben, seinen Worten und Taten.	dd 
12 **schriftliche Überlieferung**	DD Ungefähr von 50 bis 70 n. Chr. wurden an verschiedenen Orten die Geschichten und Predigten der Jünger aufgeschrieben und auch im Gottesdienst vorgelesen.	bb 
13 **Redaktion**	BB Vier Männer sammelten die Aufzeichnungen. Sie schrieben an verschiedenen Orten, zu verschiedenen Zeiten für unterschiedliche Personengruppen. Jeder fügte sie nach einer bestimmten Gliederung zusammen. Markus schreibt um 70 als Erster, Lukas um 80, Matthäus um 85 und Johannes um 100 n. Chr. Man nennt diese neuen Schriften Evangelium, das heißt: frohe Botschaft.	cc 

21 **Das Evangelium nach Matthäus**	EE  Dieses Evangelium (Mt) geht auf einen Zöllner zurück, der von Jesus in den Kreis der Zwölf berufen wurde. Er wird auch Levi genannt und schrieb um das Jahr 80 n. Chr. in Syrien für Juden. Er wollte ihnen vor allem klar machen, dass Jesus der verheißene Messias ist, der von den religiösen Führern der Juden abgelehnt, von den Heiden und Sündern aber anerkannt wurde. Zu diesem Zweck verwendet er viele alttestamentliche Zitate. Weil er sein Evangelium mit dem Stammbaum Jesu beginnt, ist sein Symbol ein Mensch, manchmal mit Flügeln.	ee 
23 **Das Evangelium nach Markus**	GG Obwohl er im Neuen Testament an zweiter Stelle steht, verfasste er um 70 n. Chr. als Erster sein Evangelium (Mk). Er schreibt es in Rom für Heiden. Früher war er Mitglied der Urgemeinde in Jerusalem, dann Mitarbeiter des Paulus und des Petrus. Er will die bedrängten Christen ermutigen, auch in der Verfolgung Christus treu zu bleiben. Matthäus und Lukas haben von ihm abgeschrieben und auch seine Gliederung übernommen. Sein Evangelium beginnt mit Johannes dem Täufer, dem Rufer in der Wüste. Das Tier der Wüste ist der Löwe.	ff 
22 **Das Evangelium nach Lukas**	FF Dieses Evangelium (Lk) geht auf einen heidnischen Arzt zurück, der Christ geworden war. Für sein Evangelium benutzte er das Markusevangelium als Vorlage und auch eine Spruchsammlung, die ebenso Matthäus verwendete. Er schreibt um das Jahr 85 n. Chr. in Kleinasien oder Griechenland für gebildete Heiden. Er schildert Jesus vor allem als den Heiland der Verlorenen, Armen, Frauen, Zöllner und Sünder. Sein Evangelium beginnt mit der Geburt des Täufers, dessen Vater Zacharias als Priester im Tempel Opfer darbrachte, z. B. Stiere.	hh 
24 **Das Evangelium nach Johannes**	HH  Das letzte der vier Evangelien (Joh) wird einem Apostel zugeschrieben, dem Bruder des Jakobus. Dieser schrieb um das Jahr 100 n. Chr. Sein Buch unterscheidet sich sehr von den Evangelien des Matthäus, des Markus und des Lukas. In der Mitte seiner Darstellung finden sich Jesusworte, in denen dieser sich selbst offenbart. Er ist das Licht der Welt und der wahre Hirte. Das Evangelium beginnt mit der Existenz Jesu bei Gott vor seiner Geburt auf der Erde. Damit erhebt sich der Evangelist in neue geistige Höhen. Sein Symbol ist deshalb der Adler.	gg 

Übersichtskarte

Überblick über das Leben Jesu

Alles, was wir über das Leben Jesu wissen, stammt aus der Bibel, vor allem aus den Evangelien.

Die Evangelisten Matthäus, Markus, Lukas und Johannes schrieben die Botschaft Jesu, seine Worte und Taten und die Erzählungen von seinem Tod und seiner Auferstehung auf.

Markus schrieb als Erster, Johannes als Letzter.

Die Evangelien von Matthäus und Lukas sind sich sehr ähnlich, weil beide das Markusevangelium als Vorlage nahmen.

Die Evangelien erzählen aber keinen exakten Lebenslauf, sie sind auch nicht wie ein Zeitungsbericht zu verstehen. Sie sind ein Bekenntnis des Glaubens und wollen für den Glauben an Jesus werben. Die Evangelisten wollen die frohe Botschaft Gottes an die Menschen weitergeben.

Dennoch lässt sich ein grober Überblick über das Leben Jesu herauslösen.

Anweisungskarte

1. Ordne die Begriffe (1–6) zu einem Lebenslauf!

2. Ordne die Bilder (A–F) den Begriffen zu!

3. Ordne die Beschreibungen (a–f) den Begriffen und Bildern zu!

4. Ordne die Evangelientexte (vereinfachte Sprache) von Lukas den Bildern (I–VI) zu!

5. Ordne die Evangelientexte von Matthäus (①–⑥) den Bildern zu!

6. Lies die Originaltexte in einer Bibel mit Einheitsübersetzung nach! Schriftstellen: Lk 2,1–7; Lk 4,14–15; Lk 5,1–11; Lk 18,35–43; Lk 23,33–43; Lk 24,1–11; Mt 2,1–12; Mt 4,12–17; Mt 4,18–22; Mt 18,35–43; Mt 27,33–44; Mt 28,1–10

7. Vergleiche einige Texte von Lukas und Matthäus! Erkennst du Unterschiede?

8. Blättere die Evangelien von Markus und Johannes durch. Findest du dieselben Überschriften in der gleichen Reihenfolge?

9. Gestalte eine Mini-Bibel mit sechs Bildern, sechs Texten und einem passenden Umschlag!

1 **Geburt**	B 	d Jesus wird in der Stadt Bethlehem im Land Israel in ärmlichen Verhältnissen von Maria geboren. Einfache Hirten und weise Sterndeuter kommen, um ihm zu huldigen.
3 **Verkündigung**	A 	b Als Jesus ungefähr dreißig Jahre alt ist, zieht er umher und predigt. Er verkündet, dass das Himmelreich nahe ist. Alle sollen mit Gott versöhnt leben.
4 **Berufung der Jünger**	F 	f Viele Menschen hören seine Botschaft. Manche von ihnen beruft er in seinen besonderen Dienst. Sie sollen seine Jünger werden, von ihm lernen und später seine Aufgabe weiterführen.
6 **Heilungen**	D 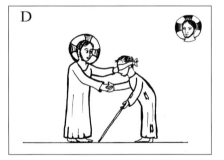	a Jesus sagt nicht nur, dass Gott das Heil der Menschen will, er zeigt es ihnen auch durch die Heilungen. So können alle erkennen, dass Gott auch die Kranken und vor allem die Sünder heilen will.
2 **Kreuzigung**	E 	c Die religiösen Führer sehen in Jesus einen Feind, den es zu beseitigen gilt. Sie machen ihm den Prozess und bringen ihn zu Pilatus, dem römischen Statthalter, damit er ihn zum Tod am Kreuz verurteilt.
5 **Auferstehung**	C 	e Die Jüngerinnen und Jünger Jesu erkennen, dass Jesus lebt. Er ist von den Toten auferstanden. Diese frohe Botschaft sagen sie überall weiter.

II

Zu jener Zeit ordnete Kaiser Augustus an, dass alle Bewohner des Römischen Reiches in Steuerlisten erfasst werden sollten. Es war das erste Mal, dass so etwas geschah. Damals war Quirinius Gouverneur der Provinz Syrien. So zog jeder in die Heimat seiner Vorfahren, um sich dort eintragen zu lassen. Auch Josef machte sich auf den Weg. Von Nazaret in Galiläa ging er nach Betlehem, das in Judäa liegt. Das ist der Ort, aus dem König David stammte. Er musste dorthin, weil er ein direkter Nachkomme Davids war. Maria, seine Verlobte, begleitete ihn. Sie erwartete ein Kind. Während des Aufenthalts in Betlehem kam für sie die Zeit der Entbindung. Sie brachte einen Sohn zur Welt, ihren Erstgeborenen, wickelte ihn in Windeln und legte ihn in eine Futterkrippe im Stall. Eine andere Unterkunft hatten sie nicht gefunden.

III

Erfüllt von der Kraft des Heiligen Geistes kehrte Jesus aus der Wüste nach Galiläa zurück. Man sprach von ihm in der ganzen Gegend. Er lehrte in ihren Synagogen, und alle ehrten und achteten ihn.

V

Jesus sprach am See Gennesaret vom Boot, das Simon gehörte, zu den Menschen. Danach sagte er zu Simon: „Fahre noch weiter hinaus, dorthin, wo das Wasser tief ist, und wirf mit deinen Leuten die Netze zum Fang aus." Simon erwiderte: „Wir haben uns die ganze Nacht abgemüht und nichts gefangen. Aber weil du es sagst, will ich die Netze noch einmal auswerfen." Sie taten es und fingen so viele Fische, dass die Netze zu reißen begannen. Sie mussten die Freunde im anderen Boot zur Hilfe herbeiwinken. Schließlich waren beide Boote so überladen, dass sie fast untergingen. Als Simon Petrus das sah, fiel er vor Jesus auf die Knie und sagte: „Herr, geh fort von mir! Ich bin ein sündiger Mensch." Denn ihn und alle Fischer, die dabei waren, hatte die Furcht gepackt, weil sie einen so gewaltigen Fang gemacht hatten. So ging es auch seinen beiden Freunden Jakobus und Johannes, den Söhnen des Zebedäus. Jesus sagte zu Simon: „Hab keine Angst! In Zukunft wirst du Menschen fischen." Da zogen sie die Boote ans Ufer, ließen alles zurück und gingen mit Jesus.

IV

Als Jesus in die Nähe von Jericho kam, saß ein blinder Bettler am Straßenrand. Er hörte die Menge vorbeiziehen und fragte, was da los sei. Er erfuhr, dass Jesus von Nazaret vorbeikomme. Da rief er laut: „Jesus, Sohn Davids! Hab Mitleid mit mir!" Die Leute, die Jesus vorausgingen, wollten ihn zum Schweigen bringen, aber er schrie noch lauter: Sohn Davids, hab Mitleid mit mir!" Da blieb Jesus stehen und ließ ihn zu sich holen. Als er herangekommen war, fragte ihn Jesus: „Was soll ich für dich tun?" Er antwortete: „Herr, ich möchte sehen können!" Jesus sagte: „Du sollst sehen können. Dein Vertrauen hat dich gerettet!" Im gleichen Augenblick konnte der Blinde sehen. Er dankte Gott und ging mit Jesus. Und alle, die dabei waren, lobten Gott.

VI

Sie führten Jesus zur Hinrichtung. Unterwegs griffen sie einen Mann aus Zyrene mit Namen Simon auf, der gerade vom Feld in die Stadt zurückkam. Diesem Mann luden sie das Kreuz auf, damit er es hinter Jesus hertrage. Eine große Menschenmenge folgte Jesus. Aber er drehte sich zu ihnen um und sagte: „Ihr Frauen von Jerusalem! Weint nicht über mich! Weint über euch selbst und eure Kinder!" … Zusammen mit Jesus wurden zwei Verbrecher zur Hinrichtung geführt. Als sie zu der Stelle kamen, die „Schädelhöhe" genannt wird, nagelten die Soldaten Jesus ans Kreuz und mit ihm die beiden Verbrecher, den einen links, den anderen rechts von Jesus.

I

Am Sonntagmorgen gingen die Frauen in aller Frühe zum Grab und nahmen Salben mit. Sie sahen, dass der Stein vom Grabeingang weggerollt war. Als sie aber hineingingen, war der Leichnam des Herrn Jesus nicht mehr da. Während sie noch ratlos dastanden, traten plötzlich zwei Männer mit strahlend hellem Gewand zu ihnen. Die Frauen fürchteten sich und sahen zu Boden. Die beiden Männer sagten zu ihnen: „Was sucht ihr den Lebenden bei den Toten? Er ist nicht hier; er ist auferstanden! Erinnert euch an das, was er euch in Galiläa gesagt hat! Der Menschensohn wird den Feinden Gottes ausgeliefert und ans Kreuz genagelt, aber am dritten Tag wird er vom Tod auferstehen. Da erinnerten sich die Frauen an seine Worte. Sie verließen das Grab und gingen zu den elf Jüngern und den anderen Anhängern Jesu. Es waren Maria aus Magdala und Johanna sowie Maria, die Mutter des Jakobus. Sie und die anderen Frauen, die mit ihnen gekommen waren, sagten den Aposteln, was sie erlebt hatten. Aber die hielten es für leeres Gerede und wollten den Frauen nicht glauben.

③

Jesus wurde in Betlehem, einem Ort in Judäa, geboren, als Herodes König war. Bald nach seiner Geburt kamen Sterndeuter aus dem Osten nach Jerusalem und suchten ein neugeborenes Kind, das König der Juden werden sollte. Sie haben seinen Stern aufgehen sehen und waren gekommen, um ihm zu huldigen. König Herodes geriet in Aufregung. Seine Priester sagten, dass dieser in Betlehem geboren werden soll. Herodes schickte die Männer los und bat sie, ihm später zu berichten. Der Stern ging ihnen voraus. Genau über der Stelle, wo das Kind war, blieb er stehen. Als sie ihn dort sahen, kam eine große Freude über sie. Sie gingen in das Haus, fanden das Kind mit seiner Mutter Maria, warfen sich vor ihm nieder und huldigten ihm. Dann breiteten sie die Schätze aus, die sie ihm mitgebracht hatten: Gold, Weihrauch und Myrrhe.
In einem Traum befahl ihnen Gott, nicht noch einmal zu Herodes zu gehen. So reisten sie auf einem anderen Weg in ihr Land zurück.

⑥

Jesus kam nach Galiläa. Er blieb aber nicht in Nazaret, sondern wohnte in Kafarnaum, einer Stadt am See Gennesaret, im Gebiet der Stämme Sebulon und Naftali. Das geschah, damit die Voraussage des Propheten Jesaja in Erfüllung ging: „Du Land von Sebulon und Naftali, an der Straße zum Meer und jenseits des Jordans, du Galiläa der gottfernen Völker! Die Menschen, die im Dunkeln leben, werden ein großes Licht sehen. Für die, die im finsteren Land des Todes wohnen, wird das Licht aufleuchten."
Von da an verkündete Jesus seine Botschaft: „Ändert euch! Gott will jetzt sein Werk vollenden und seine Herrschaft aufrichten."

⑤

Als Jesus am See Gennesaret entlangging, sah er zwei Brüder, die von Beruf Fischer waren, Simon, der später Petrus hieß, und Andreas. Sie warfen gerade ihr Netz aus. Jesus sagte zu ihnen: „Kommt mit mir! Ich mache euch zu Menschenfischern." Sofort ließen sie ihre Netze liegen und gingen mit ihm.
Als Jesus weiterzog, traf er zwei andere Brüder, Jakobs und Johannes, sie waren mit ihrem Vater Zebedäus im Boot und richteten ihre Netze her. Jesus rief sie zu sich, und sofort verließen sie das Boot und ihren Vater und gingen mit ihm.

①

Als sie Jericho verließen, folgte ihnen eine große Menschenenge. Zwei Blinde, die am Straßenrand saßen, hörten, dass Jesus vorbeikam und riefen laut: „Herr, du Sohn Davids, hab Mitleid mit uns!" Die Leute wollten die beiden zum Schweigen bringen, aber sie schrien noch lauter: „Herr, du Sohn Davids, hab Mitleid mit uns!" Jesus blieb stehen, rief die beiden und fragte: „Was wollt ihr von mir?" „Herr", sagten sie, „wir möchten sehen können." Da bekam Jesus Mitleid mit ihnen und berührte ihre Augen. Im gleichen Augenblick konnten sie sehen und zogen mit ihm.

②

Dann führten sie Jesus hinaus, um ihn zu kreuzigen. Unterwegs trafen sie einen Mann aus Zyrene namens Simon. Den zwangen sie, das Kreuz zu tragen. So kamen sie an die Stelle, die Golgota heißt, das bedeutet „Schädelhöhe". Dort gaben sie ihm Wein mit einem bitteren Zusatz; aber als Jesus gekostet hatte, wollte er ihn nicht trinken.
Sie nagelten ihn ans Kreuz und losten untereinander seine Kleider aus. Danach setzten sie sich und bewachten ihn. Über seinem Kopf brachten sie ein Schild an, auf dem der Grund für seine Hinrichtung geschrieben stand: „Dies ist Jesus, der König der Juden!"
Neben Jesus nagelten sie zwei Verbrecher an Kreuze, einen links und einen rechts von ihm.

④

Nach dem Sabbat, am Sonntagmorgen, machten sich Maria aus Magdala und die andere Maria schon sehr früh auf den Weg, um nach dem Grab zu sehen. Plötzlich gab es einen starken Erdstoß, und ein Engel Gottes kam vom Himmel herab. Er trat an das Grab, rollte den Stein weg und setzte sich darauf. Er leuchtete wie ein Blitz und sein Gewand war schneeweiß. Die Soldaten erschraken vor ihm so sehr, dass sie zitterten und wie tot dalagen. Der Engel sagte zu den Frauen: „Habt keine Angst! Ich weiß, ihr sucht Jesus, der ans Kreuz genagelt wurde. Er ist nicht hier, er ist auferstanden, so wie er selbst es vorausgesagt hat. Kommt her und seht die Stelle, wo er gelegen hat. Und jetzt geht schnell zu seinen Jüngern und sagt ihnen: „Gott hat ihn vom Tod erweckt! Er geht euch voraus nach Galiläa, dort werdet ihr ihn sehen. Ihr könnt euch auf mein Wort verlassen. Erschrocken und doch voller Freude liefen die Frauen vom Grab weg. Sie eilten zu den Jüngern, um ihnen alles zu erzählen.

Übersichtskarte

Personen im Leben Jesu

In den Evangelien werden viele Personen genannt, die mit dem Leben Jesu in Verbindung stehen. Es wird sichtbar, dass er sich allen zuwendet, besonders den Kranken und Ausgeschlossenen. Viele verehren ihn und schließen sich ihm an, andere aber lehnen ihn ab und wollen ihn von seinem Weg abbringen. Bereits in den Geschichten von der Geburt Jesu zeigen die Evangelisten, dass er von den einen gepriesen, von den anderen verfolgt wird. In der Leidensgeschichte wird erzählt, wie die Gegner Jesu ihn verurteilen und ans Kreuz bringen. Seine Auferstehung wird in den Ostergeschichten bezeugt.

Anweisungskarte

1. Lege zu den Personen (1–7) aus dem Leben Jesu die entsprechenden Bildkärtchen (A–G) dazu!

2. Ordne die entsprechenden Beschreibungen (a–g) zu!

3. Ordne in gleicher Weise den Personen, die bei Leiden, Tod und Auferstehung Jesu genannt werden (8–14), Bilder (H–N) und Beschreibungen (h–n) zu!

4. Ordne in gleicher Weise den Personen, die bei der Geburt Jesu genannt werden (15–21), Bilder (O–U) und Beschreibungen (o–u) zu!

5. Lies die Schriftstellen nach, in denen die genannten Personen vorkommen!
   – aus dem Leben Jesu: Lk 2,1–7; Mt 3,13–17; Mt 4,18–22; Mk 2,13–17; Mk 10,46–52; Lk 19,1–10; Joh 11,1–44.
   – aus den Leidens- und Auferstehungsgeschichten: Lk 22,47–53; Lk 22,54–71; Lk 23,1–12; Lk 23,13–25; Lk 23,26; Lk 23,50–56; Lk 24,1–11.
   – aus den Geburtsgeschichten: Lk 1,5–25; Lk 1,39–56; Mt 1,18–25; Lk 2,1–7; Mt 2,1–12; Mt 2,13–23; Lk 2,21–40.

6. Gestalte drei Plakate: „Geburt Jesu", „Lebensweg Jesus" und „Leidensweg Jesu". Schneide die jeweiligen Personen aus Tonpapier aus und gib ihnen ein Symbol, das sie eindeutig erkennbar macht! Klebe sie so auf, dass ihre Beziehung zu Jesus (Zuwendung oder Ablehnung) sichtbar wird!

#	Name	Bild	Beschreibung
1	**Maria**	A 	a Sie ist die Mutter von Jesus. Zu ihr kommt der Engel Gabriel mit der Botschaft, dass sie ein Kind bekommen werde. Später bringt sie Jesus im Stall von Betlehem zur Welt.
2	**Johannes der Täufer**	G 	b Er ist der Sohn von Zacharias und Elisabet. Er predigt in der Wüste und fordert die Menschen zur Umkehr auf. Am Jordan tauft er Jesus. Er nennt ihn im Johannesevangelium „Lamm Gottes".
3	**Simon Petrus**	B 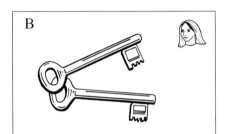	g Er ist Fischer am See Gennesaret und wird zusammen mit seinem Bruder Andreas als Jünger berufen. Obwohl er Jesus dreimal verleugnet hat, wählt ihn dieser aus und übergibt ihm die „Schlüssel" des Himmelreiches.
4	**Zöllner Levi**	F 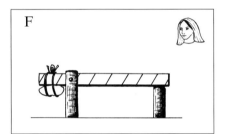	c Wie alle Zöllner ist auch er verachtet. Als Jesus ihn sieht, sagt er zu ihm: Folge mir nach. Da steht dieser auf, verlässt alles und folgt ihm.
5	**Bartimäus**	D 	d Er ist blind und sitzt bettelnd am Wegrand. Als er Jesus hört, ruft er: Jesus, Sohn Davids, hab Erbarmen mit mir. Da heilt ihn Jesus. Nun geht er mit ihm mit.
6	**Zachäus**	C 	f Er ist Oberzöllner in Jericho. Um Jesus zu sehen, steigt er auf einen Feigenbaum. Obwohl er als Sünder gilt, kommt Jesus zu ihm zum Essen. Das verwandelt sein Herz. Er schenkt die Hälfte seines Vermögens den Armen.
7	**Lazarus**	E 	e Er ist der Bruder von Maria und Martha und ein guter Freund von Jesus. Als dieser hört, dass er gestorben ist, weint er. Jesus ruft in das Grab: Komm heraus! Da wird der Tote lebendig und kommt aus dem Grab heraus.

8 **Judas Iskariot**	H 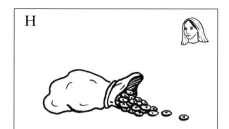	h Er ist einer der zwölf Jünger Jesu und wird doch zum Verräter. Für dreißig Silberlinge liefert er Jesus an den Hohen Rat aus. Mit einem Kuss verrät er seinen Meister im Garten Gethsemani.
9 **Kajaphas**	L 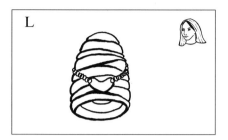	i Er gehört zur hohenpriesterlichen Familie. Der Hohepriester war der oberste religiöse Führer in Israel. Er verhörte Jesus und suchte Gründe, um ihn zu verurteilen. Er fand ihn der Gotteslästerung für schuldig.
10 **Pontius Pilatus**	K 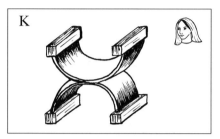	k Er ist ein römischer Soldat. Um das Jahr 30 n. Chr. verwaltet er für den Kaiser in Rom die Provinz Judäa. Dieser Prokurator fällt das Todesurteil über Jesus.
11 **Barabbas**	I 	l Er ist ein Verbrecher, ein Räuber und Mörder. Pilatus fragt das Volk, ob er Jesus oder diesen freilassen solle. Die Hohenpriester hatten das Volk beeinflusst und so entschied es sich für die Freilassung des Verbrechers.
12 **Simon von Zyrene**	J 	j Er ist ein Bauer, der gerade vom Feld kommt. Die römischen Soldaten zwingen ihn, für Jesus das Kreuz ein Stück weit zu tragen.
13 **Josef von Arimathäa**	M	m Er ist ein Mitglied des Hohen Rates und ein Anhänger Jesu. Nach der Kreuzigung bittet er Pilatus um den Leichnam Jesus. Dieser stimmt zu. So legt er Jesus in ein Grab, das er für sich machen ließ.
14 **Maria Magdalena**	N 	n Sie stammt aus der Stadt Magdala und ist eine Jüngerin Jesu. Am ersten Tag der Woche geht sie zusammen mit anderen Frauen mit Ölen und Salben zu seinem Grab. Dort erfährt sie als Erste, dass Jesus auferstanden ist.

15 **Zacharias**	O 	o Er ist der Vater von Johannes dem Täufer und arbeitet als Priester im Tempel. Weil er nicht glauben will, dass ihm Gott noch ein Kind schenken würde, bleibt er bis zur Geburt seines Sohnes stumm.
16 **Elisabet**	Q 	r Sie ist die Frau von Zacharias, die Mutter von Johannes dem Täufer und eine Verwandte von Maria. Während sie schwanger ist, bekommt sie Besuch von Maria, die ebenfalls ein Kind erwartet.
17 **Josef**	P 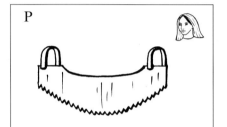	q Er ist Marias Mann und der Pflegevater von Jesus. Er lebt als Zimmermann in Nazaret, zieht mit Maria nach Betlehem, flieht mit dem Kind nach Ägypten und kehrt nach dem Tod von Herodes wieder nach Nazaret zurück.
18 **Augustus**	S 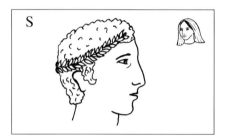	p Kaiser Oktavian, der von 31 v. Chr. bis 14 n. Chr. regiert, lässt sich mit diesem Titel anreden. Er bedeutet „Majestät". In der Zeit, als Jesus geboren wird, ist er der römische Kaiser.
19 **Herodes**	R 	u Er ist der von den Römern eingesetzte König, der in der Zeit, als Jesus geboren wird, in Judäa regiert. Wegen seines Privatlebens und seiner hohen Steuern ist er beim Volk unbeliebt. Er will das Jesuskind umbringen.
20 **Magier**	T 	s Dies sind weise Sterndeuter, die aus einem fernen Land kommen, weil sie eine neuen Stern aufgehen sahen. Sie finden das Jesuskind und bringen ihm königliche Geschenke: Gold, Weihrauch und Myrrhe.
21 **Simeon und Hanna**	U 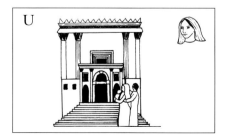	t Maria und Josef bringen Jesus nach Jerusalem in den Tempel, um ihn Gott zu weihen. Da kommen dieser Mann und diese Frau. Beide sind sehr fromm und schon alt. Als sie das Kind sehen, preisen sie Gott.

Übersichtskarte

Personengruppen aus dem Umfeld Jesu

In den Evangelien werden verschiedene Personengruppen genannt, die mit dem Leben Jesu in irgendeiner Weise in Verbindung stehen. Manche Gruppen sind politisch bedingt, andere religiös, wieder andere gesellschaftlich. Jesus schloss sich keiner der damaligen religiösen oder politischen Gruppen an. Er war Jude, stammte aus Galiläa und wuchs in einfachen gesellschaftlichen Verhältnissen auf. Seine Jünger wählte er aus den unteren Bevölkerungsschichten aus, sie waren vor allem Fischer und Zöllner.

Anweisungskarte

1. Lege zu den Personengruppen aus dem politischen Umfeld Jesu (1–6) die entsprechenden Bildkärtchen (A–F) dazu!

2. Ordne die entsprechenden Beschreibungen (a–f) zu!

3. Ordne in gleicher Weise den Personengruppen aus dem religiösen Umfeld Jesu (7–12) Bilder (G–L) und Beschreibungen (g–l) zu!

4. Ordne in gleicher Weise den Personengruppen aus dem gesellschaftlichen Umfeld Jesu (13–18) Bilder (M–R) und Beschreibungen (m–r) zu!

5. Schlage die genannten Schriftstellen nach und lies die dazugehörige Geschichte!
    - aus dem politischen Umfeld:
      Joh 7,1; Joh 11,48; Mt 26,69; Lk 10,33; Lk 6,15; Joh 12,20.
    - aus dem religiösen Umfeld:
      Mt 26,59; Mt 27,1; Mk 7,3; Lk 20,46; Mk 12,18; Joh 1,19.
    - aus dem gesellschaftlichen Umfeld:
      Lk 2,8; Joh 8,3; Mk 2,16; Lk 17,12; Lk 8,2; Mt 10,2.

6. Spiele eine der genannten Personen (Ich bin …) und lass von jemandem den Namen der Personengruppe erraten!

1 **Juden** Joh 7,1	A 	a Durch Beschneidung werden sie in das Volk Israel aufgenommen. Sie nennen ihren Gott Jahwe, opfern im Tempel, treffen sich in der Synagoge zum Gebet und warten auf den Messias. Der Davidstern wurde ihr Zeichen. Jesus gehört zu diesem Volk.
2 **Römer** Joh 11,48	E 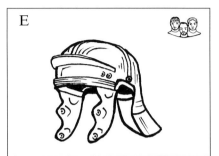	e Sie halten das Land der Juden in der Zeit, als Jesus lebt, mit ihren Soldaten besetzt. Ihr Kaiser regiert in Rom. Er hat Statthalter eingesetzt, die in den Provinzen das Land verwalten, Zölle erheben und Steuern eintreiben. Sie werden als Feinde gesehen.
3 **Galiläer** Mt 26,69	C 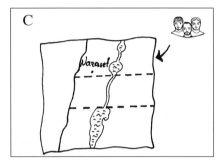	d So werden die Bewohner bezeichnet, die im nördlichen Teil von Israel leben. Inmitten dieses Gebietes liegt Nazaret, die Heimatstadt Jesu. Weil in diesem Gebiet viele Heiden und Zeloten wohnen, hat es keinen guten Ruf.
4 **Samariter** Lk 10,33	B 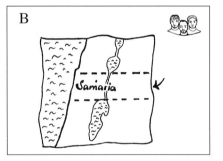	b So nennt man Personen, die im mittleren Teil von Israel wohnen. Die Hauptstadt heißt Samaria. Für die Juden in Judäa gelten sie als Fremde, weil sie nicht im Tempel von Jerusalem beten, sondern einen eigenen Tempel haben.
5 **Zeloten** Lk 6,15	D 	c So nennt man die Mitglieder einer fanatischen, jüdischen Freiheitspartei zur Zeit Jesu. Sie wurde in Galiläa gegründet und will mit einem bewaffneten Aufstand die Fremdherrschaft der Römer beseitigen. Einer der Jünger Jesu gehört zu ihnen.
6 **Griechen** Joh 12,20	F 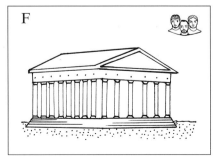	f Bevor die Römer Israel besetzten, war diese Kultur die vorherrschende. Ihre Sprache, Kleidung, Kunst und Wissenschaft haben das Land geprägt. Das gesamte Neue Testament wurde in ihrer Sprache geschrieben, weil sie damals die Weltsprache war.

7 **Hohe Rat** Mt 26,59	G 	j Höchste Verwaltungs- und Gerichtsbehörde der Juden. Sie besteht aus 71 Mitgliedern: den Ältesten, ehemaligen Hohepriestern und Schriftgelehrten, die meist Pharisäer sind. Vorsitzender ist der amtierende Hohepriester.
8 **Älteste** Mt 27,1	K 	g Ursprünglich waren sie Oberhaupt einer bedeutenden Familie, später Würdenträger in einer Stadt oder einer religiösen Gemeinschaft. In Israel liegt die Führung und Vertretung des Volkes in ihrer Hand. Sie sind Mitglieder im Hohen Rat.
9 **Pharisäer** Mk 7,3	H 	k Sie sind eine jüdische Gruppe, die sich streng an die Zehn Gebote und an die vielen Vorschriften über die Reinigung, den Sabbat und den Zehnten halten. Dadurch sondern sie sich von den anderen ab. Im Hohen Rat bilden sie eine starke Gruppe.
10 **Schriftgelehrte** Lk 20,46	I 	h Diese kennen sich sehr gut in der Heiligen Schrift aus und belehren die anderen, wie sie die vielen Gesetze erfüllen können. Sie werden ehrfurchtsvoll „Rabbi" genannt, das heißt „Meister". Viele gehören der Gruppe der Pharisäer an.
11 **Sadduzäer** Mk 12,18	J 	i Sie bilden neben den Pharisäern eine eigene Partei im Judentum. Ihre Anhänger kommen vor allem aus den Adels- und Priesterfamilien. Sie arbeiten mit den Römern zusammen. Die Auferstehung von den Toten lehnen sie ab.
12 **Leviten** Joh 1,19	L 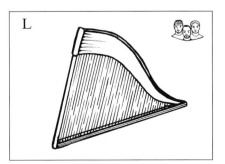	l Sie gelten als Nachkommen des Stammvaters Levi. Sie bilden den Priesterstamm, der die Aufgabe hat, Gott zu dienen. Zur Zeit Jesu sind sie als Tempeldiener, Sänger und Musiker den Priestern untergeordnet.

13 **Hirten** Lk 2,8	N 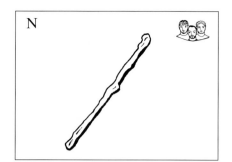	n Sie leben auf den Feldern bei ihren Tieren. Weil sie die Heiligen Schriften nicht lesen und die religiösen Vorschriften nicht befolgen können, werden sie verachtet. Sie gelten als Sünder. Sie sind jedoch die Ersten, denen die Geburt Jesu verkündet wird.
14 **Sünder** Joh 8,3	R 	r So werden Menschen bezeichnet, die bewusst gegen Gottes Gebote verstoßen. Zur Zeit Jesu gibt es viele kleinliche Vorschriften zur Reinheit und zum Sabbat. Wer sie nicht einhält, gilt als Sünder. Auf schwere Sünden steht als Strafe die Steinigung.
15 **Zöllner** Mk 2,16	Q 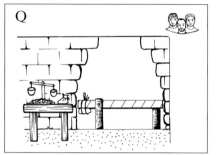	q Die Römer verlangen bei der Einfuhr von Waren in bestimmte Gebiete Zölle. Sie erheben diese nicht selbst, sondern verpachten die Zollstellen an Juden. Weil sie den Römern dienen und oft Betrüger sind, werden sie von den anderen Juden verachtet.
16 **Aussätzige** Lk 17,12	M 	o Diese Kranken haben Lepra. Wer daran leidet, wird vom Priester für „unrein" erklärt und aus der Gemeinschaft ausgestoßen. Er muss außerhalb der Siedlung leben und zerrissene Kleidung tragen. Die Krankheit gilt als Strafe Gottes.
17 **Frauen** Lk 8,2	O 	m Sie sind in der damaligen Zeit dem Mann untergeordnet und haben im politischen Bereich wenig zu sagen. Sie sind vom Gottesdienst ausgeschlossen. Im Gegensatz zu anderen Wanderpredigern nimmt Jesus sie als Jüngerinnen auf.
18 **Jünger** Mt 10,2	P 	p Ein Frommer sucht sich einen Rabbi aus und lernt bei ihm über die Heiligen Schriften. Jesus sucht sich seine 12 Schüler selbst aus. Er sendet sie als Apostel in die Welt hinaus, um das Evangelium zu verkünden. Zum Kreis um Jesus gehören auch Frauen.

Übersichtskarte

Begriffe aus dem Umfeld Jesu

Die Evangelien wurden in einer ganz anderen Zeit und in einer ganz anderen Umgebung geschrieben als wir sie heute vorfinden.
In ihnen kommen viele Begriffe vor, die in unserer Alltagssprache gewöhnlich nicht verwendet werden, oder eine andere Bedeutung haben.
Wer die wichtigsten Begriffe kennt und auch eine bildliche Vorstellung damit verknüpfen kann, versteht viele biblische Geschichten besser.

Anweisungskarte

1. Lege zu den religiösen Begriffen (1–5) die Bilder (A–E) und die Erklärungen (a–e)!

2. Lege zu den Begriffen (6–10) die Bilder (F–J) und die Erklärungen (f–j)!

3. Ordne in gleicher Weise den Begriffen aus den Weihnachtsgeschichten (11–15) Bilder (K–O) und Beschreibungen (k–o) zu!

4. Ordne in gleicher Weise den Begriffen aus den Leidensgeschichten (16–20) Bilder (P–T) und Beschreibungen (p–t) zu!

5. Ordne in gleicher Weise den Vergleichssymbolen für Jesus (21–25) die Bilder (U–Y) und die Beschreibungen (u–y) zu!

6. Ordne in gleicher Weise den Titeln für Jesus (26–30) die Bilder (AA–EE) und die Beschreibungen (aa–ee) zu!

7. Füge die passenden Bilder (I–V) (VI–X) aus dem Lebensumfeld Jesu zusammen!

8. Schlage die genannten Schriftstellen nach und lies die dazugehörige Geschichte!

9. Male ein Landschaftsbild, in dem möglichst viele der genannten Begriffe vorkommen!

1 **Evangelium** Mk 1,1	**A** 	**a** So nennt man den „Bericht" über die Worte, Taten und das Schicksal Jesu. Es gibt vier davon. Matthäus, Markus, Lukas und Johannes haben aus dem, was sie gehört und was sie gesammelt hatten, jeweils ein Buch zusammengestellt. Das Wort stammt aus dem Griechischen und bedeutet „frohe Botschaft".
2 **Tempel** Mk 14,49	**D** 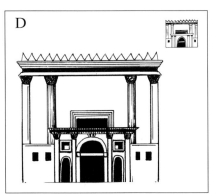	**d** Er steht in Jerusalem und ist der religiöse Mittelpunkt in Israel, das Hauptheiligtum. Hier wird gebetet und Gott geopfert. Im Jahre 70 nach Chr. wurde er von den Römern für immer zerstört. Nur ein Teil der Westmauer ist noch erhalten, sie wird „Klagemauer" genannt.
3 **Synagoge** Mt 13,54	**B** 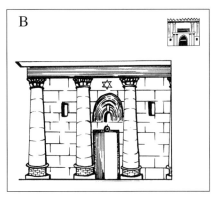	**b** So wird das Versammlungshaus der jüdischen Gemeinde genannt. Es diente dem Gebetsgottesdienst. Er bestand aus Gebet, Schriftlesung und Schlusssegen. Der Opfergottesdienst fand nur im Tempel statt. Diese Gebetshäuser gab es überall, wo eine größere jüdische Gemeinde war, auch im Ausland.
4 **Sabbat** Lk 13,10	**E** 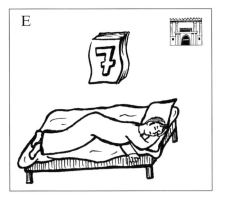	**e** Dies ist der siebte Tag, der Samstag, der letzte der Woche. Er beginnt am Vorabend und ist ein strenger Ruhetag. Vieles war verboten: Geschäfte machen, Feuer anzünden, Backen, Kochen … Die Christen bestimmten den Sonntag als Ruhetag, weil Jesus am ersten Tag der Woche von den Toten auferstanden ist.
5 **Gesetz** Mt 22,40	**C** 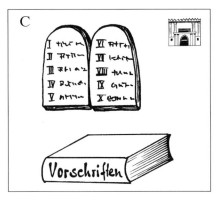	**c** Es bestand aus 613 Ge- und Verboten. Grundlage waren die Zehn Gebote, aus ihnen entwickelte sich vor allem in der Zeit des babylonischen Exils diese Vielzahl von Vorschriften. Sie betrafen vor allem den Sabbat, die Reinigung und den Zehnten (Abgabe, ähnlich einer Steuer).

6 **Reinheit** Mt 8,2	F 	f Das jüdische Gesetz unterschied zwischen rein und unrein bei Speisen und Tieren. Als unrein galt, was bei Heiden religiös verehrt wurde. Auch wer mit Heiden verkehrte, wurde unrein. Wer Aussatz hatte, wurde ebenso für unrein erklärt und ausgeschlossen. Jesus lehnte diese Gesetze als „Menschensatzung" ab.
7 **Opfer** Lk 2,24	I 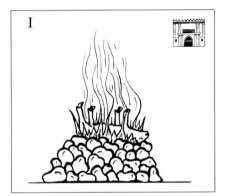	g Menschen, die Gott lieben, möchten ihm ihr Leben schenken. Als Zeichen dafür geben sie eine Opfergabe. Es können Lebensmittel (Brot, Öl) oder Tiere (Schafe, Ziegen) sein. Die Tiere werden zum Teil auf dem Brandopferaltar verbrannt, den anderen Teil bekommen die Priester und die opfernde Familie.
8 **Denar** Lk 20,24	H 	i Dies war eine römische Geldmünze. Ihr Wert entsprach dem Tageslohn eines Landarbeiters. Sie trug das Bild und den Namen des Kaisers und hatte einen ähnlichen Wert wie die Drachme. 6000 Drachmen waren ein Talent.
9 **Nachtwache** Mt 14,25	J 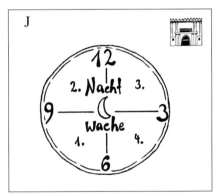	h Die Juden teilten die Nacht in drei oder vier Zeiteinheiten ein. Eine Einheit hatte somit vier oder drei Stunden. Der Tag wurde in zwölf Stunden eingeteilt. Die erste begann um sechs Uhr morgens. Jesus starb zur neunten Stunde, nach unserer Stundeneinteilung demnach um 15.00 Uhr.
10 **Beschneidung** Lk 2,21	G 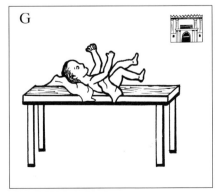	j Diese religiöse Handlung wurde am achten Tag nach der Geburt beim jüdischen Jungen vorgenommen. Dabei wurde ein Stück Vorhaut des männlichen Gliedes entfernt. Dies ist bei den Juden ein Zeichen für den Bund mit Gott. Die Heiden werden deshalb auch als „Unbeschnittene" bezeichnet.

11 **Geschlecht Davids** Lk 2,4	K 	k Das sind die Nachkommen König Davids. Dieser lebte ungefähr 1000 Jahre vor Jesus. Gott selbst hatte einst den Hirtenjungen aus Betlehem erwählt. Als König hat er Israel zu einem mächtigen Reich ausgebaut. Er ist der größte König Israels. Aus seiner Familie soll der Messias kommen.
12 **Krippe** Lk 2,7	O 	l In jüdischen Bauernhöfen sind Futtertröge üblich gewesen. Sie waren aus Holz und standen frei im Raum, damit die Tiere von allen Seiten daraus fressen konnten. In Höhlenställen waren sie manchmal auch in den Stein gehauen. Dass der neugeborene Jesus hier hineingelegt wurde, ist ein Zeichen seiner Erniedrigung.
13 **Stern** Mt 2,2	N 	m Er ist eine faszinierende Erscheinung am Nachthimmel. Wer alle kennt und weiß wie sie angeordnet sind, kann sich daran orientieren und die Richtung seines Weges bestimmen. Damals gab es die Vorstellung, dass ein neuer bedeutender Mensch durch ein neues großes Licht am Nachthimmel angekündigt wird.
14 **Weihrauch** Lk 2,11	M 	o Wenn Baumharz verbrannt wird, steigt duftender Rauch auf. Man erzeugt solchen Wohlgeruch zur Verehrung bedeutender Personen und beim Gebet zu Gott. Dass die Magier diese Harze dem Jesuskind in der Krippe zum Geschenk machen, bedeutet, dass sie ihm ihre Verehrung zeigen.
15 **Myrrhe** Lk 2,11	L 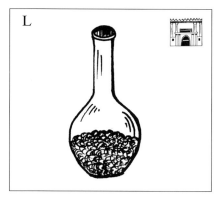	n Dies ist ein wohlriechendes, aber bitter schmeckendes Öl, das aus Harz hergestellt wird. Es wurde bei verschiedenen Gelegenheiten verwendet, unter anderem auch beim Begräbnis Jesu (Joh 19,39). Wenn Jesus dies als Geschenk bekommt, so kann es als ein Hinweis auf sein kommendes Leiden gedeutet werden.

16 **Pascha** Mk 14,12	P 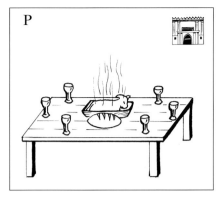	p Mose hatte angeordnet, dass die Israeliten jeden Frühling ein Fest zur Erinnerung an die Befreiung Israels aus Ägypten feiern sollten. Die Familie aß ein Lamm und ungesäuertes Brot. Dazu wurde Wein getrunken. Jesus veränderte beim letzten Abendmahl dieses Mahl und machte es zur Feier seines Gedächtnisses.
17 **Prätorium** Mt 27,27	T 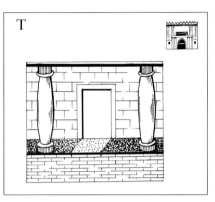	s Dies ist die Amtswohnung des Statthalters einer Provinz. Zur Zeit der Kreuzigung Jesu war Pontius Pilatus Prokurator, das heißt Statthalter von Judäa. In Jerusalem bewohnte er wohl den Herodespalast.
18 **Kohorte** Mk 15,16	S 	t Sie war der zehnte Teil einer Legion und bestand zur Zeit Jesu aus ungefähr 500 römischen Soldaten. In Jerusalem war immer eine Abteilung in dieser Größe in der Burg Antonia.
19 **Rüsttag** Mk 15,42	R 	q So nannte man den Vorbereitungstag auf den Sabbat, den Freitag, den sechsten Tag der Woche. Der Todestag Jesu war nach dem Bericht aller vier Evangelisten ein Freitag. Es war festgelegt, dass der Tag bei Sonnenuntergang am Vorabend begann und am nächsten Abend wiederum bei Sonnenuntergang endete.
20 **Felsengrab** Mt 27,60	Q 	r Nach seiner Kreuzigung wurde der Leichnam Jesu in eine Doppelhöhle gelegt, die in einen Felsen gehauen war. Sie hatte einen Vorraum, der nach außen mit einem mächtigen Rollstein verschlossen war, und die eigentliche Grabkammer. Dort wurde der Leichnam auf eine Steinbank oder in eine Wandnische gelegt.

21 **Licht** Joh 8,12	U 	u Jesus sagt: Ich bin das … der Welt. Wir brauchen nicht im Dunkeln herumtappen, wir wissen, woher wir kommen, wohin wir gehen und was wir tun sollen. Jesus vertreibt die Angst und das Böse aus unserem Leben, er bringt Wärme in unser Herz, Helligkeit ins Innere, Schönes in die Seele und Freude ins Leben.
22 **Hirte** Joh 10,11	X 	w Jesus sagt: Ich bin der gute … Damit ist gemeint: Er schaut auf uns, dass es uns gut geht, und er sorgt für uns. Er führt uns zu einem sinnvollen Leben. Er beschützt uns, kümmert sich um die Verletzten und trägt die Verlorenen heim. Bei ihm dürfen wir uns sicher fühlen.
23 **Weinstock** Joh 15,5	V 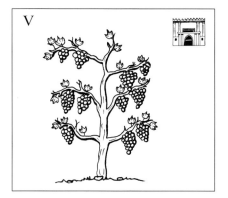	y Jesus sagt: ich bin der … und ihr seid die Reben. Er meint: Wenn ihr mit mir verbunden bleibt, dann wird meine Lebenskraft durch euch fließen und ihr werdet viele gute Werke hervorbringen, die andern Menschen helfen. Ich stille eure Sehnsucht und bringe Freude in euer Leben.
24 **Weg** Joh 14,6	Y 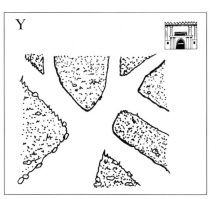	x Jesus sagt: Ich bin der … die Wahrheit und das Leben. So wie es viele verschiedene Bahnen, Straßen und Pfade gibt, so gibt es auch viele Arten zu leben. Jesus hat eine Art gelebt, die mit Gottes Willen übereinstimmte, vielen Segen brachte in Treue zu sich selbst. Seine Art, er selbst, kann uns Vorbild sein.
25 **Brot** Lk 22,19	W 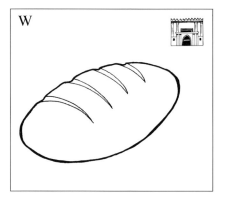	v Er nahm … brach es und reichte es seinen Jüngern mit den Worten: „Das ist mein Leib, der für euch hingegeben wird." Jesus war für viele Menschen wie Nahrung, er stillte ihre Sehnsucht, heilte ihren Körper und gab ihrer Seele Kraft. Er war ganz für sie da. Er schenkte sich ihnen. Das gab ihnen Leben.

26 **Christus** Joh 4,25	AA	aa Dieser Begriff ist der wichtigste Beiname Jesu geworden. Er kommt aus dem Griechischen, im Hebräischen bedeutet er Messias, im Deutschen Gesalbter. Im Gegensatz zu den Juden ist für uns Jesus der erwartete Messias. Er ist der Retter aus Unheil, Sünde und Tod.
27 **Messias** Mt 16,16	CC	dd Dieser Begriff kommt aus dem Hebräischen. Im Griechischen heißt er „Christus", zu deutsch: „Gesalbter". In Israel gab es zur Zeit Jesu eine starke Erwartung, dass Gott einen Retter schickt, einen neuen David. Die Schriften des Alten Testamentes hatten ihn angekündigt. Viele erwarteten sich einen politischen Befreier.
28 **Sohn Gottes** Joh 3,16	BB	bb Dieser Beiname für Jesus drückt aus, dass er in einer ganz besonders engen Verbindung zu Gott steht, dass er ihn wie sein eigenes Kind angenommen hat; mehr noch, dass Gott selbst in ihm auf die Welt gekommen ist, um die Menschen zu erlösen.
29 **Herr** Joh 13,6	EE	cc Im Griechischen heißt diese Anrede „Kyrios". Im Alten Testament wurde sie oft für Gott verwendet. Auf Jesus angewandt heißt sie, dass er an der Seite Gottes ist. Jesus und Gott sind eins. Jesus ist Herrscher über die Welt. Seine Herrschaft beruht jedoch nicht auf Gewalt, sondern auf dienender Liebe.
30 **Prophet** Joh 6,14	DD	ee Im Alten Testament ist er der Verkünder der Gottesbotschaft. Er weiß sich von Gott berufen und beauftragt, Gottes Wort dem Volk zu verkünden. Jesus wurde als der endgültige „Sprecher" Gottes gesehen, der als Letzter in einzigartiger Weise das Wort Gottes den Menschen brachte. Ja, er selbst ist das Wort Gottes.

I
Boot (Mt 4,22)

VI
Netz (Mt 4,18)

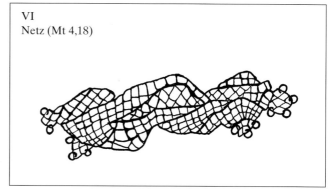

II
Haus (Lk 22,10)

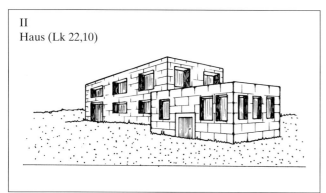

X
Tisch (Lk 22,14)

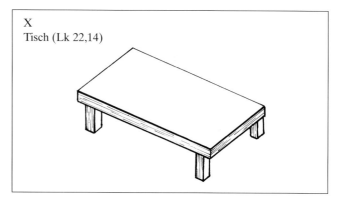

III
Altar (Mt 5,23)

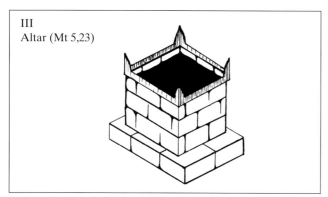

VII
Schriftrolle (Lk 4,21)

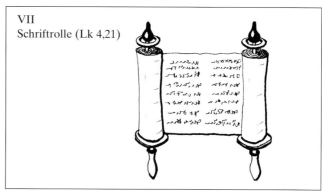

IV
Acker (Mt 13,24)

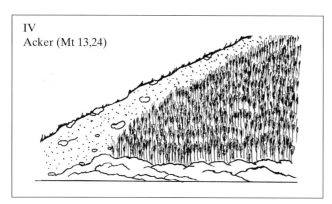

IX
Weizen (Mt 13,30)

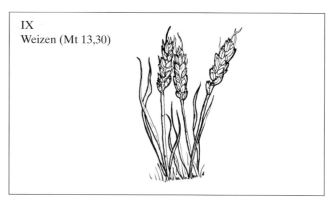

V
Esel (Joh 12,14)

VIII
Palmen (Joh 12,13)

Übersichtskarte

Landkarte von Palästina zur Zeit Jesu

Die Geschichten von Jesus sind keine Märchen. Jesus hat zu einer bestimmten Zeit an einem ganz bestimmten Ort gelebt und gewirkt.
Das Neue Testament berichtet von ganz konkreten Gebieten, Städten und Dörfern, Gewässern und Bergen. Sie liegen in einem Land, das im Laufe der Geschichte verschiedene Namen hatte. Als die Israeliten, auch Hebräer genannt, nach dem Durchzug durchs Schilfmeer in ihr „gelobtes Land" einzogen, hieß es Kanaan. Gott hatte es schon den Patriarchen (Stammvätern) Abraham, Isaak und Jakob feierlich versprochen. Sie gaben diesem Land den Namen „Israel". Sie sahen sich als Nachkommen des Stammvaters Jakob, dem Sohn Isaaks, der den Beinamen Israel (Gottesstreiter) bekommen hatte. Nach König Salomo zerbrach das Reich, das David errichtet hatte, in ein Nordreich, das nun Israel genannt wurde, und in ein Südreich mit dem Namen Juda. Die Römer benannten später ihre Provinz um, von Judäa in Palästina (ursprünglich Philisterland).
Die Juden heute nennen ihren 1948 neu gegründeten Staat wieder Israel, bezeichnen sich als Israelis und sprechen hebräisch. Sie sind in ständiger Auseinandersetzung mit den muslimischen Palästinensern.
Heute suchen fromme Pilger aus der ganzen Welt die Gewässer, Städte, Berge und Landschaften auf und nennen das Gebiet das „Heilige Land".

Anweisungskarte

1. Bilde aus den Kärtchen (a–f) die Landkarte von Palästina zur Zeit Jesu!

2. Suche die Gebiete und Gewässer (1–6) auf der Landkarte und ordne ihnen die entsprechenden Erklärungen (A–F) zu!

⇨ 3. Suche die wichtigsten Städte Israels (7–12) auf der Landkarte und ordne die entsprechenden Erklärungen (G–L) zu!

⇨ 4. Suche die weniger wichtigen Orte (13–17) auf der Landkarte und ordne sie den entsprechenden Erklärungen (M–Q) zu!

⇨ 5. Suche den Garten und die Berge (18–22) auf der Landkarte und ordne sie den entsprechenden Erklärungen (R–V) zu!

⇨⇨ 6. Lies die genannten Schriftstellen nach!

⇨⇨ 7. Schlage auf den letzten Seiten der Bibel die Landkarten auf! Suche die genannten Orte!

⇨⇨ 8. Schau eine Landkarte vom heutigen Israel im Atlas an! Welche biblischen Orte tragen heute noch denselben Namen wie damals?

☞ 9. Versuche die Landkarte Israels zur Zeit Jesu im Sandkasten aufzubauen!

Landkarte von Palästina

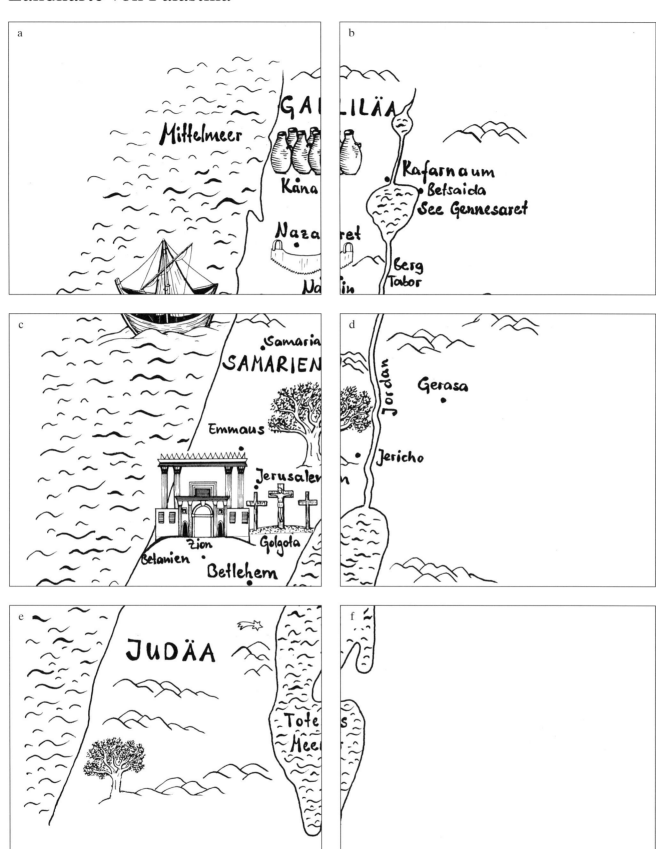

1
Galiläa

Mk 1,14–15

A
So bezeichnet man den **nördlichen Teil** von Israel. Die Bewohner haben keinen guten Ruf, weil dort viele Heiden leben. In diesem Gebiet begann Jesus sein öffentliches Wirken. Hier liegt Nazaret, seine Heimatstadt, und der See Gennesaret, wo er Fischer zu seinen Jüngern berief.

2
Samarien

Lk 10,33

C
So nennt man den **mittleren Teil** von Israel. Aus diesem Gebiet kommt der „Barmherzige Samariter", den Jesus in einer Geschichte den Gesetzeslehrern als Vorbild vor Augen stellt. Die Samariter galten bei den Juden in Judäa als Fremde, weil sie den Tempel von Jerusalem als Gebetsstätte ablehnten.

3
Judäa

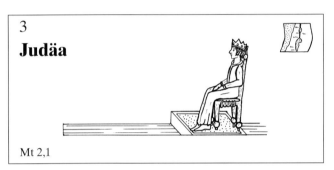

Mt 2,1

E
Dieses Gebiet ist der **südliche Teil** von Israel. Hier liegen die kleine Stadt Betlehem und die große Hauptstadt Jerusalem. Hier steht der Tempel. Als Jesus geboren wurde, war Herodes König dieses Gebietes und als Jesus starb, regierte der römische Statthalter Pontius Pilatus.

4
See Gennesaret

Lk 5,1–11

B
Dieser **See** liegt in Galiläa. Hier beruft Jesus Fischer als seine Jünger. Hier fährt er mit dem Boot, als der Sturm kommt. Hier geht er über das Wasser und rettet Petrus, als dieser unterzugehen droht. Er wird auch See von Tiberias, See von Galiläa oder galiläisches Meer genannt.

5
Jordan

Mk 1,9–11

D
In diesen **Fluss**, er ist der größte Palästinas, stieg Jesus hinein, als ihn Johannes taufte. Eine Stimme aus dem Himmel sprach: „Das ist mein geliebter Sohn, an dem ich Gefallen gefunden habe."

6
Totes Meer

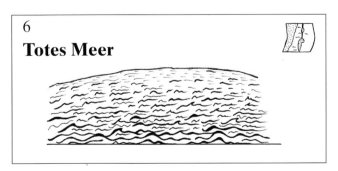

F
Dieser große See liegt in Judäa. Er ist 85 km lang, 16 km breit und bis zu 400 m tief. Er liegt ca. 390 m unter dem Meeresspiegel. Der hohe Salzgehalt macht jedes Leben im Wasser unmöglich. Obwohl wichtige biblische Orte in der Nähe sind, gibt es keine biblische Geschichte aus dem Neuen Testament, in der dieses **Meer** vorkommt.

7 Jerusalem

Mk 11,1–10

G

Dies ist seit König David die **Hauptstadt** des Landes Israel. Sie liegt im Gebiet Judäa. In diese Stadt zog Jesus mit dem Esel ein. Hier wurde er verurteilt, musste leiden und sterben. Hier erfuhren die Frauen, dass er auferstanden ist.

8 Nazaret

Lk 4,16–30

I

In diesem Ort, der in der Nähe des Sees Gennesaret liegt, wuchs Jesus auf. Hier lebten der Zimmermann Josef und Maria, die Mutter Jesu. In seiner **Heimatstadt** wurde Jesus abgelehnt. Jesus sprach zu den Menschen: „Kein Prophet wird in seiner Heimat anerkannt."

9 Betlehem

Lk 2,1–7

J

In dieses kleine Städtchen in Judäa mussten Josef und Maria ziehen, um sich eintragen zu lassen. Es liegt 9 km südlich von Jerusalem. Man nennt es auch die Stadt Davids, weil dieser dort zum König gesalbt wurde. Hier befand sich der Stall, in dem Maria Jesus zur Welt brachte. So wurde sie zur **Geburtsstadt** Jesu, des „neuen Davids".

10 Kafarnaum

Mt 8,5–13

H

Diese **Stadt am See** wurde zum Mittelpunkt des Wirkens Jesu in Galiläa. Sie liegt 5 km westlich der Jordanmündung am See Gennesaret. Dort wohnte Jesus. Deshalb wird sie als „seine Stadt" bezeichnet. Hier heilte er den Knecht des römischen Hauptmanns.

11 Kana

Joh 2,1–12

L

Diese **kleine Stadt** liegt in der Nähe von Nazaret und dem See Gennesaret. Sie ist bekannt geworden durch eine Hochzeit, zu der Jesus und seine Mutter eingeladen waren. Hier verwandelte Jesus Wasser in Wein.

12 Jericho

Lk 19,1–10

K

Diese **Stadt in einer Oase** ist die älteste Stadt, von der man weiß. Sie wird auch „Palmenstadt" genannt. Sie liegt 250 m unter dem Meeresspiegel im Jordangraben. In dieser Stadt war Zachäus Oberzöllner. Um Jesus zu sehen, stieg er auf einen Baum. Dort sprach ihn Jesus an und kam dann zu ihm zum Essen.

13 Emmaus

Lk 24,13–35

M

Dieser Ort liegt in Judäa, in der Nähe von Jerusalem, sechzig Stadien (circa 12 km) entfernt. Hier erkannten die beiden Jünger, die nach der Kreuzigung Jesus enttäuscht von Jerusalem weggingen, den unbekannten Begleiter beim **Brotbrechen** als den Auferstandenen.

14 Nain

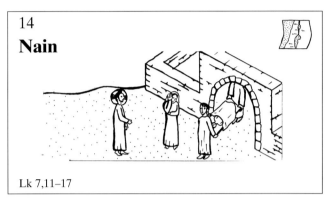

Lk 7,11–17

P

Diese Stadt liegt in Galiläa, südöstlich von Nazaret. Als Jesus in die Nähe des Stadttores kam, trug man gerade einen Toten heraus. Er war der einzige Sohn einer Witwe. Jesus hatte Mitleid mit ihr und erweckte ihn vom Tode. Diese **Totenerweckung** versetzte viele in Staunen und die Kunde davon verbreitete sich in der ganzen Gegend.

15 Gerasa

Mk 5,1–20

N

Die Gegend um diese Stadt ist der Schauplatz einer **Dämonenaustreibung**. Sie liegt in Galiläa, am Ostufer des Sees Gennesaret. Jesus heilte den Besessenen; dieser konnte wieder zurück zu seiner Familie.

16 Betsaida

Mk 8,22–26

Q

Dieser Fischerort befindet sich in Galiläa an der Nordostseite des Sees Gennesaret. In seiner Nähe liegt der Schauplatz einer **Blindenheilung**. Jesus heilte diesen Blinden, indem er seine Augen mit Speichel bestrich und ihm die Hände auflegte.
Dies wird auch als der Ort der Brotvermehrung gesehen. Aus diesem Dorf stammen die Apostel Philippus, Andreas und Petrus.

17 Betanien

Lk 24,50–53

O

Dieses Dorf am Osthang des Ölberges in der Nähe von Jerusalem (3 Kilometer entfernt) wird in den Geschichten des Neuen Testamentes häufig erwähnt. Hier lebten Maria und Marta und ihr Bruder Lazarus sowie Simon der Aussätzige. Nach dem Einzug in Jerusalem zog sich Jesus hierher zurück. Hier wurde Jesus in den **Himmel aufgenommen**.

18 Ölberg

Mk 14,26–31

R

Dies ist ein **Berg** im Osten von **Jerusalem** mit einer Höhe von rund 800 m über dem Meeresspiegel. Er wird durch das Tal des Kidronbaches von der Stadt Jerusalem getrennt und liegt ungefähr einen Kilometer von ihr entfernt. Er hat seinen Namen von den vielen Ölbäumen (Olivenbäumen), die hier wachsen. Jesus zieht sich mit den Jüngern nach dem letzten Abendmahl hierhin zurück.

19 Getsemani

Mk 14,32–42

T

Sein Name geht auf den hebräischen Begriff für „Ölkelter" zurück. Er liegt in Jerusalem, am Ölberg, auf der anderen Seite des Kidrontales. In diesen **Garten** auf dem Ölberg begab sich Jesus nach dem letzten Abendmahl. In seiner Todesangst betete Jesus: „Nimm diesen Kelch von mir! Aber nicht was ich will, sondern was du willst soll geschehen."

20 Golgotha

Mt 27,31–44

V

Dies ist eine Erhebung am Rande von Jerusalem, nahe der Stadtmauer. Der Name geht auf das aramäische Wort für „Schädel" zurück. Es ist der Name der **Kreuzigungsstätte** Jesu. Hierhin musste er das Kreuz tragen, an diesem Ort wurde er gekreuzigt.

21 Tabor

Mt 17,1–9

U

Dieser **Berg** liegt im Süden von **Galiläa** und hat die Form eines Kegels. Seine Spitze liegt 588 m über dem Meer. Auch wenn sein Name in der Bibel nicht erwähnt wird, so wird dieser Berg doch als der Ort der Verklärung Christi gesehen.
Der Evangelist Markus erzählt: Jesus nahm die Jünger Petrus, Jakobus und Johannes mit sich auf einen hohen Berg. Sein Gesicht leuchtete wie die Sonne und seine Kleider wurden weiß wie Licht.

22 Zion

Joh 12,12–19

S

So wird der **Tempelberg**, der heilige Berg in Jerusalem, genannt. Manchmal ist mit diesem Begriff auch die Stadt Jerusalem gemeint. Der Prophet Sacharja weissagt, dass einst ein König auf einem Esel in Jerusalem einziehen wird, der auf weltliche Macht verzichtet und ein Reich des Friedens bringt. Dies erfüllt sich, als Jesus auf einem Esel in Jerusalem einzieht.

Übersichtskarte

Stationen der Heilsgeschichte (Teil 1)

Weise, von Gott erfüllte Menschen, dachten über die Geschichte Israels nach. Sie legten die Erfahrungen, die ihr Volk gemacht hatte, in Geschichten, Liedern und Gebeten dar. Ihr Gott hat sie geschaffen, sie begleitet, ihnen ein Land geschenkt und sie gerettet. Er hält treu am Bund mit ihnen fest, so bekannten sie.

Die Geschichte des Heils darf nicht mit der historischen Geschichte gleichgesetzt werden. Hier stehen nicht exakte Zeit- und Ortsangaben im Mittelpunkt, sondern das heilende Handeln Gottes. Die Deutung der Geschichte aus der Sicht des Glaubens ist vorherrschend. Dennoch sind die heilsgeschichtlichen Ereignisse nicht unhistorisch, sie haben Schnittpunkte mit unserer Zeitrechnung und den geographischen Gegebenheiten.

Der erste Teil der Heilsgeschichte, wie sie im Alten Testament aufgeschrieben ist, beginnt mit der Erschaffung der Welt und des Menschen. Sie liegt in grauer Vorzeit und kann weder geographisch noch zeitlich festgelegt werden. Erste, noch sehr ungenaue zeitliche Angaben lassen sich bei den Patriarchen (Urvätern) Abraham, Isaak und Jakob machen. Zeitlich genauer bestimmt werden können die Rettung des Volkes Israel mit seinem Führer Mose, die Könige Saul, David und Salomo und die Teilung des Reiches

---

Anweisungskarte

1. Ordne den Zeitstrahl (A–G) aus dem ersten Teil der Heilsgeschichte (Urzeit bis 900 v. Chr.) in die richtige Reihenfolge!

2. Ordne die Namens- oder Ereigniskärtchen (1–7) dem Zeitstrahl (A–G) zu!

3. Ordne die entsprechenden Bildkärtchen (a–g) dem Zeitstrahl und den Personen- oder Ereigniskärtchen zu!

4. Ordne die Beschreibungen (I–VII) den jeweilgen Personen oder Ereignissen zu!

5. Lies die entsprechenden Bibelstellen nach, die auf den Beschreibungskärtchen (I–VII) angegeben sind!

6. Die meisten Bibeln haben im Anhang einen Überblick über die Geschichte Israels oder ein Personenregister. Suche dort nach den Personen oder Ereignissen, über die du mehr wissen willst!

7. Fertige aus einem langen Papierstreifen einen Zeitstrahl (bei einem Zeitraum von 4000 Jahren z. B. Länge 4 m, 100 Jahre = 10 cm). Befestige ihn an der Wand! Klebe die entsprechenden Namen oder Ereignisse und passende Symbole an die jeweilige Jahreszahl!

1 **Adam und Eva** *die ersten Menschen* Urzeit 	A 	a 
3 **Abraham und Sara** *Aufbruch in ein neues Land* um 1800 v. Chr. 	G 1800 	f 
2 **Mose** *Rettung am Meer* um 1250 v. Chr. 	B 1300 1200 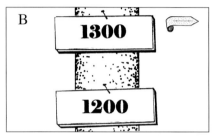	g 
5 **Saul** *erster König Israels* kurz vor 1000 v. Chr 	F 1100 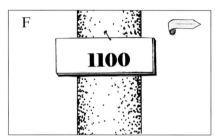	b 
7 **David** *größter König Israels* um 1000 v. Chr. 	C 1000 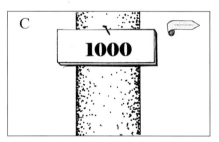	e 
4 **Salomo** *Erbauer des ersten Tempels* um 950 v. Chr. 	E 950 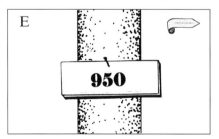	c 
6 **Reichsteilung** *Nordreich Israel, Südreich Juda* um 900 v. Chr. 	D 900 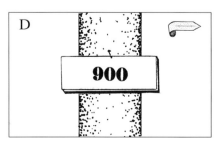	d 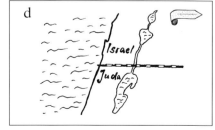

I

Für die Erschaffung der Welt lässt sich keine Jahreszahl angeben. In zwei verschiedenen Geschichten erzählt die Bibel davon. Im Schöpfungslied erschafft Gott die Welt in sieben Tagen durch sein Wort. Der Mensch wird am sechsten Tag als Krone der Schöpfung erschaffen. In der zweiten Geschichte formt Gott den Menschen aus Erde und stellt ihn in den Paradiesgarten. Die ersten Menschen erhalten die Namen Adam (hebräisch: Mensch) und Eva (hebräisch: Mutter des Lebens). Weil sie Früchte vom verbotenen Baum essen, müssen sie das Paradies verlassen. (Gen 1–3)

III

Er gehört zusammen mit seinem Sohn Isaak und seinem Enkel Jakob zu den Urvätern (Patriarchen) des Volkes Israel. Die zwölf Söhne Jakobs werden die Stammväter des Volkes Israel. Der bekannteste unter ihnen ist Josef. Gott hat ihn aus tiefer Not gerettet und ihm zu großem Ansehen verholfen.
Abraham lebte ungefähr 1800 Jahre vor Christus. Gott versprach ihm Land, Nachkommen, Segen und einen großen Namen. Abraham hörte auf Gottes Verheißung, vertraute ihm, wagte seinen Weg mit ihm und Gott hielt sein Versprechen. Abraham wird „Vater des Glaubens" genannt. (Gen 12,1–9)

IV

Nach seiner wunderbaren Rettung in einem Binsenkörbchen am Nilufer wuchs dieser Führer des Volkes Israel in Ägypten am Königshof auf. Als er erwachsen war, musste er fliehen. In der Fremde erschien ihm Gott im brennenden Dornbusch. Er nannte seinen Namen „Jahwe" (hebräisch: Ich bin da) und gab ihm den Auftrag, das Volk Israel aus der Sklaverei zu führen. Nun ging Mose mit Aaron, seinem Bruder, zum Pharao. Erst nach vielen Plagen ließ dieser das Volk ziehen. Am Schilfmeer rettete Gott sein Volk endgültig vor der Streitmacht der Ägypter. Dies geschah um 1250 v. Chr. (Ex 13,17–14,31).

II

Weil die Feinde mächtig waren, wollte Israel auch einen König haben. So wird Saul der erste König Israels. Er wird von Samuel dazu gesalbt. Seine Regierungszeit (1020 bis 1000 v. Chr.) ist durch die Auseinandersetzung mit den Philistern, einem feindlichen Nachbarvolk, geprägt. Er kann es jedoch nicht endgültig besiegen. Als er von Jahwe abfällt, hat er in ihm keine Hilfe mehr. In seinen letzten Lebensjahren ist er von krankhaftem Misstrauen gequält. Im Kampf mit den Philistern kommt er zusammen mit seinem Sohn Jonathan ums Leben. Nach ihm wird David der neue König Israels. (1 Sam 9,1–10,16)

VII

Er ist der zweite König Israels, der bedeutendste in der Geschichte des Landes. David, ein Sohn Isais, wächst als Hirtenjunge in Betlehem auf. Er wird heimlich vom Propheten Samuel zum König gesalbt. Bei einem Kampf gegen die Philister besiegt er den Riesen Goliat. Dann kommt er an den Königshof Sauls, wird aber von diesem verfolgt. Nach dessen Tod wird er König (von 1000–960 v. Chr.). Er macht Jerusalem zur Hauptstadt, lässt die Bundeslade bringen und plant den Tempel. Der „Davidstern" (Stern aus zwei Dreiecken) ist heute noch in der Flagge Israels zu sehen. (1 Sam 16,1–13)

VI

Dieser König ist ein Sohn Davids und seiner Frau Batseba. Salomo besteigt noch zu Lebzeiten Davids den Königsthron und regiert von 965 bis 926 v. Chr. Er teilt das Reich in 12 Provinzen ein und regiert es zentral von Jerusalem aus. Ihm gelingt es, ein modernes Berufsheer mit Streitwagen zu schaffen, er führt aber keine Kriege. Jerusalem baut er zu einer prachtvollen Residenz aus. Der erste Tempel Israels wird von ihm gebaut. Seine große Weisheit macht ihn sehr berühmt. (1 Kön 5,9–14)

V

Aufgrund von Streitigkeiten zerfällt im Jahre 931 v. Chr. der Staat Israel in zwei Teile, in ein Nordreich, das „Israel" genannt wird, und ein Südreich, das man als „Juda" bezeichnet. König Rehabeam sollte das Joch (die Belastungen), die sein Vater Salomo dem Volk auferlegt hatte, erleichtern, doch er hörte nicht auf den Rat der Alten, sondern wollte die Belastungen noch härter machen. Da verließen die 10 Nordstämme den Bund und nahmen Jerobeam zum König. Der Zusammenschluss der zwölf Stämme Israels, den David vollbracht hatte, war nun wieder auseinander gebrochen. (1 Kön 12,1–16)

Übersichtskarte

Stationen der Heilsgeschichte (Teil 2)

In den tausend Jahren vor Jesu Geburt war die Geschichte des Volkes Israel von Treue zu Jahwe und Glaubensabfall, von Sieg und Niederlage, Freiheit und Sklaverei, Aufstieg und Untergang geprägt.

In diesen bewegten Zeiten traten immer wieder von Gott gesandte Männer auf, Propheten, die den Glaubensabfall anklagten, den Untergang androhten und die Rettung in Aussicht stellten.

Die Hoffnung verdichtete sich in einer Person, einem Retter, der kommen sollte, dem Messias.

Mit Johannes dem Täufer tritt der letzte der großen Propheten auf. Er ist der Vorläufer von Jesus, der ihm den Weg bereitet.

Für die Christen ist, im Gegensatz zu den Juden, Jesus der von den Schriften angekündigte Messias. Er ist in die Welt gekommen, um sie zu retten.

Anweisungskarte

1. Ordne den Zeitstrahl (A–G) aus dem zweiten Teil der Heilsgeschichte (850 v. Chr. bis 30 n. Chr.) in die richtige Reihenfolge!

2. Ordne die Namens- oder Ereigniskärtchen (1–7) dem Zeitstrahl (A–G) zu!

3. Ordne die entsprechenden Bildkärtchen (a–g) dem Zeitstrahl und den Namens- oder Ereigniskärtchen zu!

4. Ordne die Beschreibungen (I–VII) den jeweiligen Personen oder Ereignissen zu!

5. Lies die entsprechenden Bibelstellen, die bei den Beschreibungskärtchen (I–VII) angegeben sind!

6. Die meisten Bibeln haben im Anhang einen Überblick über die Geschichte Israels oder ein Personenregister. Suche dort nach den Personen oder Ereignissen, über die du mehr wissen willst!

7. Klebe Papierblätter (DIN A4) aneinander und fertige einen Zeitstrahl (z. B. Länge 1 m, 100 Jahre = 2,5 cm)! Trage die entsprechenden Namen und Ereignisse bei der jeweiligen Jahreszahl ein und male ein passendes Bild dazu!

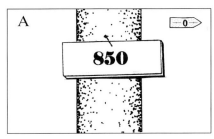

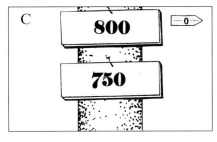

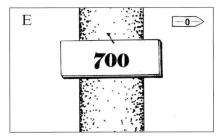

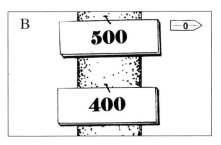
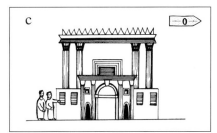

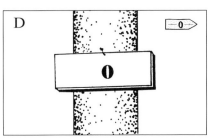

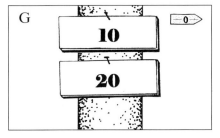

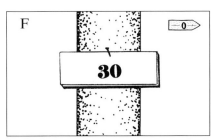

45

I

Die Menschen des Volkes Israel sind von ihrem Gott Jahwe abgefallen. Sie verehren den Götzen Baal, einen Fruchtbarkeitsgott. Da schickt Gott den Propheten Elija (sein hebräischer Name bedeutet „mein Gott ist Jahwe). Er trat für die alleinige Verehrung Jahwes ein. Jahwe, nicht Baal, ist der Herr der Natur und der Lenker der Geschichte verkündete Elija. Durch ein Opfer auf dem Berg Karmel wird dem Volk gezeigt, dass Baal machtlos und Jahwe allein mächtig ist.
Elia war der größte Prophet im Nordreich Israel im 9. Jahrhundert vor Christus. (1 Kön 18,1–46)

VI

Viele im Volk Israel sind reich geworden. Statt zu teilen unterdrücken sie die Armen, betrügen sich gegenseitig und missachten dabei die Gebote Jahwes. Da beruft Gott den Propheten Amos (um 760 v. Chr.). Doch die Reichen in Israel wollen seine Worte nicht hören und schicken ihn fort. Er aber lässt sich nicht beirren und mahnt weiter. Leidenschaftlich kämpft er für Recht und Gerechtigkeit. Er deckt ihre schlechten Taten auf und droht ihnen den Untergang an.
Seine Worte sind im Buch „Amos" im Alten Testament festgehalten. (z. B. Am 6,4–8)

II

Der Untergang ist gekommen. Das Nordreich Israel wird im Jahr 722 v. Chr. von den Assyrern erobert. In diese Hoffnungslosigkeit hinein verkündet der Prophet Jesaja: Das Volk, das im Dunkeln lebt, sieht ein helles Licht; über denen, die im Land der Finsternis wohnen, strahlt ein Licht auf. Jesaja verheißt den Messias. Diese Verheißung wird mit dem Weihnachtsgeschehen in Verbindung gebracht.
Jesaja (hebräisch: Jahwe rettet) wurde 742 im Tempel zu Jerusalem zum Propheten berufen. Im Alten Testament, im „Buch Jesaja", finden sich seine Worte und die ihm zugeschriebenen. (Jes 9,1–6)

VII

Nachdem das Nordreich Israel schon untergegangen war, kommt nun auch für das Südreich Juda die Katastrophe. Im Jahre 586 v. Chr. erobern babylonische Soldaten das Land, töten viele Israeliten, rauben die Schätze, zerstören den Tempel und schleppen die Überlebenden in die Verbannung nach Babylon. Dort müssen sie bis zum Jahr 538 v. Chr. bleiben. Dann erlaubt der Perserkönig Kyros, der Babylon erobert hatte, die Rückkehr. Unter Esra und Nehemia bauen sie unter großen Schwierigkeiten den Tempel wieder auf. Sie feiern Gottesdienste und warten auf den angekündigten Messias. (Esra 1,1–4)

V

Um das Jahr Null kommt in Betlehem, in der Stadt Davids, Jesus auf die Welt. Maria legt ihn in eine Futterkrippe, weil in der Herberge kein Platz für sie war. Engel verkünden den Hirten, dass der Retter, der Messias, der Herr, geboren sei. Hirten kommen zum Stall und finden Maria und Josef und das Kind in der Krippe.
Der Evangelist Lukas zeigt, dass von Anfang an die Frohe Botschaft Gottes, die durch Jesus in die Welt kam, vor allem den Armen und Ausgeschlossenen galt. (Lk 2,1–20)

III

Er ist nach dem Neuen Testament der Vorläufer Jesu. Er tritt in der Wüste auf, trägt ein Gewand aus Kamelhaaren und predigt eine Taufe zur Vergebung der Sünden. Er mahnt zu einer radikalen Umkehr, weil Gottes Gericht unmittelbar bevorstehe. Das Volk kommt in Scharen zu ihm. Viele lassen sich taufen. Bei den Priestern und Pharisäer stößt er auf Ablehnung. Jesus lässt sich aber von ihm taufen. Als Johannes der Täufer den Ehebruch des Königs Herodes öffentlich anprangert, wird er gefangen genommen und später enthauptet. (Mk 1,1–8)

IV

Jesus begann sein öffentliches Wirken um das Jahr 30. Nach den Evangelien von Matthäus, Markus und Lukas lehrte und heilte er zuerst in seiner Heimat Galiläa. Dann zog er durch Samarien nach Judäa. Er verkündete das Reich Gottes und heilte viele. Jünger und Jüngerinnen begleiteten ihn. Sein Einsatz für die Ausgeschlossenen, die Zöllner und Sünder und für das Haus Gottes brachte ihn in Konflikt mit den religiösen Führern. Diese machten ihm den Prozess und ließen ihn durch die römischen Soldaten am Kreuz töten. Gott aber hat ihn auferweckt. Wir bekennen, dass er der Sohn Gottes, der Messias ist. Er starb für uns, um uns von Sünde und Tod zu erlösen. (Mk 1,14–15)

Übersichtskarte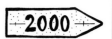

Stationen der Heilsgeschichte (Teil 3)

Auch in der Zeit nach Jesus und nach den Aposteln ist für den Gläubigen Gottes Handeln in der Geschichte erkennbar, ähnlich wie für die Schriftsteller, die die Bücher der Bibel geschrieben haben.

Mutige Männer und Frauen haben in den 2000 Jahren nach Christus oft in Zeiten schwerer Bedrängnis und großer Veränderungen das Licht des Glaubens hochgehalten und der Kirche geholfen, sich zu erneuern. Sie haben den Menschen Gottes liebende Nähe sichtbar und spürbar gemacht und ihren Glauben in Wort und Tat, oft sogar mit ihrem Leben bezeugt.

Anweisungskarte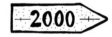

1. Ordne den Zeitstrahl (A–G) aus dem dritten Teil der Heilsgeschichte (50–2000 n. Chr.) in die richtige Reihenfolge!

2. Ordne die Namens- oder Ereigniskärtchen (1–7) dem Zeitstrahl (A–G) zu!

3. Ordne die entsprechenden Bildkärtchen (a–g) dem Zeitstrahl und den Personen- oder Ereigniskärtchen zu!

4. Ordne die Beschreibungen (I–VII) den jeweiligen Personen oder Ereignissen zu!

5. Suche in einer Heiligenlegende, einem Lexikon oder einer Internetsuchmaschine nach den genannten Personen!

6. Welche Personen aus der Geschichte kennst du noch? Versuche, sie auf dem Zeitstrahl richtig einzuordnen!

7. Spanne eine Schnur von einer Wand zur anderen und hänge mit Wäscheklammern die einzelnen Stationen der Heilsgeschichte in der richtigen Reihenfolge auf!

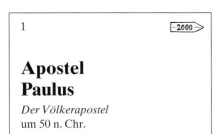

1

Apostel Paulus

Der Völkerapostel
um 50 n. Chr.

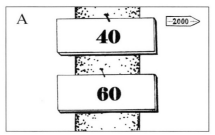

A

40

60

a

4

Kaiser Konstantin

Der erste christliche Kaiser
um 300 n. Chr.

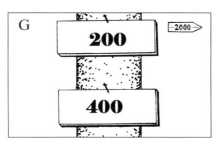

G

200

400

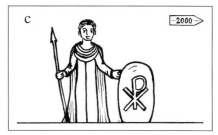

c

6

Benedikt

Bete und arbeite
um 550 n. Chr.

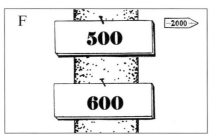

F

500

600

b

5

Bonifatius

Apostel Deutschlands, Martyrer
um 700 n. Chr.

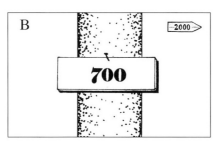

B

700

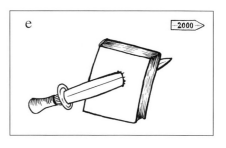

e

2

Franziskus

Freund der Tiere
um 1200 n. Chr.

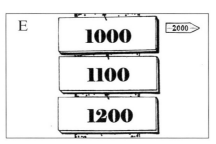

E

1000

1100

1200

d

7

Theresia von Avila

Reformerin der Klöster
um 1550

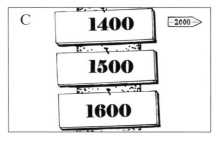

C

1400

1500

1600

g

3

Papst Johannes XXIII.

Erneuerer der Kirche
1881–1963 n. Chr

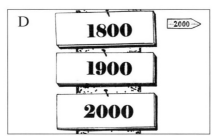

D

1800

1900

2000

f

I

Er lebte zur selben Zeit wie Jesus, begegnete ihm aber zu dessen Lebzeiten nicht. Paulus war Jude und verfolgte zuerst die Christen. Eine Erscheinung des Auferstandenen vor Damaskus verwandelte ihn völlig. Er wurde zum großen Völkerapostel. Aber nicht seinen Voraussetzungen, sondern allein Gottes Gnade verdankte er alles. Um den Glauben zu verbreiten, unternahm er viele Reisen, gründete Gemeinden und schrieb ihnen Briefe. Viele davon sind erhalten, sie stehen im Neuen Testament und werden heute im Gottesdienst vorgelesen. Er starb 67 n. Chr. in Rom durch das Schwert. (Apg 9,1–22)

VII

Bis zu diesem römischen Kaiser, der von 306 bis 337 n. Chr. regierte, wurden die Christen verfolgt. Viele erlitten wegen ihres Glaubens große Qualen und starben den Märtyrertod. Kaiser Konstantin ließ der Legende nach bei einer Schlacht das Zeichen des Kreuzes auf den Schilden seiner Soldaten anbringen. In diesem Zeichen siegte er über Maxentius und wurde zum Alleinherrscher im Römischen Reich. Im Jahre 313 n. Chr. erließ er ein Edikt (einen Erlass), dass die Christen nicht mehr wegen ihres Glaubens bestraft werden dürfen. Er begünstigte die Kirche und bahnte die Entwicklung zur Staatsreligion an.

II

Benedikt (480–547) ist in Nursia (Italien) geboren, in einer Zeit, als das weströmische Reich aufhörte zu bestehen. Er zog sich aus Rom zurück in die Berge und lebte als Einsiedler. Da sich ihm immer mehr junge Leute anschlossen, gründete er ein Kloster auf dem Berg „Monte Cassino". Er gab der Gemeinschaft eine feste Regel, die im Kern zwei Ordnungen enthält: bete und arbeite, ora et labora. Dieses Kloster wurde der Ausgangspunkt einer gewaltigen mönchischen Bewegung. Weil sein Orden (Symbole: Buch, Kreuz, Pflug) ganz Europa prägte, wird Benedikt „Vater des Abendlandes" genannt.

VI

Der Benediktinermönch Winfried kam aus Angelsachsen. Vom Papst, der ihn beauftragte, bekam er den Namen Bonifatius. Er missionierte in Deutschland, ordnete die kirchlichen Seelsorgegebiete und gründete viel Bistümer. Noch in hohem Alter ging Bonifatius (675–754) zu den Friesen, um dort zu missionieren. Er wurde von einer heidnischen Horde überfallen und starb den Märtyrertod. Der Legende nach fand man bei ihm ein Evangelienbuch, das mit dem Schwert durchdrungen war. Er wird „Apostel der Deutschen" genannt und ist in Fulda begraben.

V

Im Jahr 1054 kam es zur großen Spaltung. Die orthodoxe Kirche des Ostens und die römische Kirche des Westens begannen sich von nun an unterschiedlich zu entwickeln. In der westlichen Kirche begann eine rege Bautätigkeit, die der Kirche nach außen eine prächtige Gestalt gab. In dieser Zeit wurde Franziskus (1182–1226) als Sohn wohlhabender Eltern in Assisi (Italien) geboren. Er wählte freiwillig die Armut. Viele schlossen sich ihm an. Er gründete den Orden der Franziskaner. Im „Sonnengesang", einem viel beachteten Gebet, preist Franziskus die Natur und lobt den Schöpfer.

IV

Im Anfang des 16. Jahrhunderts kam es zur großen Spaltung der Kirche in eine evangelische und eine katholische Konfession. Gesellschaftliche Veränderungen und Missstände in der Kirche führten dazu, dass durch Martin Luther eine Bewegung in Gang kam, die mit der Trennung endete. In dieser Zeit lebte in Spanien Theresia von Avila (1515–1582). Sie trat ins Kloster ein und verbrachte ihre Zeit zuerst mehr mit Geselligkeit als mit Gebet. Eine Erscheinung des Leidens Christi führte zur inneren Verwandlung. Sie setzte sich mit großem Ernst für eine Reform des klösterlichen Lebens ein.

III

Das größte kirchliche Ereignis des 20. Jahrhunderts war das II. Vatikanische Konzil. Unerwartet berief Papst Johannes XXIII. diese Versammlung der katholischen Bischöfe der ganzen Welt ein. Er wollte, dass das Glaubenszeugnis „zeitgemäß" formuliert und die Kirche erneuert wird. Dabei sollten der Glaubensinhalt nicht verfälscht und Andersdenkende nicht verurteilt werden. Das Konzil tagte 1962 bis 1965 in vier Sitzungsperioden. Es brachte viele wichtige Impulse für die Erneuerung der Kirche. Die Päpste Paul VI. und Johannes Paul II. führten weiter, was Johannes XXIII. begonnen hat. Mit Papst Benedikt dem XVI. ist seit langem wieder ein Deutscher an der Spitze der Kirche.

Kontrollfragen (jeweils 20 Punkte)

Die Bücher des Alten Testamentes
Nenne die vier Gruppen, in die die Bücher des Alten Testamentes eingeteilt werden! (4 × 2 Punkte)
Nenne zu jeder Gruppe drei Beispiele! (3 × 4)

Die Bücher des Neuen Testamentes
Nenne die vier Gruppen, in die die Bücher des Neuen Testamentes eingeteilt werden können! (4 × 2)
Nenne jeweils ein Beispiel mit der Abkürzung des Buches! (4 × 2)
Nenne die vier Schritte der Entstehung der Evangelien! (4)

Überblick über das Leben Jesu
Nenne sechs Stationen aus dem Lebenslauf Jesu! (6 × 2)
Nenne acht Personen, denen Jesus begegnet ist! (8)

Personen im Leben Jesu
Nenne zehn Personen aus dem Lebensweg Jesu, seiner Geburts- oder der Leidensgeschichte! (10)
Erkläre bei jeder Person, wer oder was sie waren! (10)

Personengruppen aus dem Umfeld Jesu
Nenne zehn Personengruppen, denen Jesus in seinem Leben begegnet ist! (10)
Erkläre bei jeder Gruppe, wer oder was sie waren! (10)

Begriffe aus dem Umfeld Jesu
Nenne zehn Sachbegriffe aus dem Umfeld Jesu! (10)
Erkläre, was jeweils damit gemeint ist! (10)

Landkarte von Palästina zur Zeit Jesu
Nenne drei Gebiete, zwei Gewässer und fünf Städte vom Land Israel! (10)
Nenne zu jedem Begriff ein Ereignis aus der Jesusgeschichte! (10)

Stationen der Heilsgeschichte (Teil 1): Anfang bis 900 v. Chr.
Nenne fünf Stationen aus dem ersten Teil der Heilsgeschichte! (2 × 5)
Erläutere kurz, was jeweils bei dieser Person oder diesem Ereignis war! (2 × 5)

Stationen der Heilsgeschichte (Teil 2): 900 v. Chr. bis 30 n. Chr.
Nenne fünf Stationen aus dem zweiten Teil der Heilsgeschichte! (2 × 5)
Erläutere kurz, was jeweils bei dieser Person oder diesem Ereignis war! (2 × 5)

Stationen der Heilsgeschichte (Teil 3): 30 n. Chr. bis heute
Nenne fünf Stationen aus dem dritten Teil der Heilsgeschichte! (2 × 5)
Erläutere kurz, was jeweils bei dieser Person oder diesem Ereignis war! (2 × 5)

Lösungsblatt

Die Bücher des Alten Testamentes	1 A 3 C 4 D 2 B	a I ① d III ④ b IV ② c II ③			
Die Bücher des Neuen Testamentes	1 A 3 C 2 B 4 D	a I ① c IV ④ b II ③ d III ②	11 AA aa 14 CC dd 12 DD bb 13 BB cc	21 EE ee 23 GG ff 22 FF hh 24 HH gg	
Überblick über das Leben Jesu	1 B d 3 A b 4 F f 6 D a 2 E c 5 C e	II III V IV VI I	③ ⑥ ⑤ ① ② ④		
Personen im Leben Jesu	1 A a 2 G b 3 B g 4 F c 5 D d 6 C f 7 E e	8 H h 9 L i 10 K k 11 I l 12 J j 13 M m 14 N n	15 O o 16 Q r 17 P q 18 S p 19 R u 20 T s 21 U t		
Personengruppen aus dem Umfeld Jesu	1 A a 2 E e 3 C d 4 B b 5 D c 6 F f	7 G j 8 K g 9 H k 10 I h 11 J i 12 L l	13 N n 14 R r 15 Q q 16 M o 17 O m 18 P p		
Begriffe aus dem Umfeld Jesu	1 A a 2 D d 3 B b 4 E e 5 C c 21 U u 22 X w 23 V y 24 Y x 25 W v	6 F f 7 I g 8 H i 9 J h 10 G j 26 AA aa 27 CC dd 28 BB bb 29 EE cc 30 DD ee	11 K k 12 O l 13 N m 14 M o 15 L n I VI II X III VII IV IX V VIII	16 P p 17 T s 18 S t 19 R q 20 Q r	
Landkarte von Palästina zur Zeit Jesu	a b c d e f	1 A 2 C 3 E 4 B 5 D 6 F	7 G 8 I 9 J 10 H 11 L 12 K	13 M 14 P 15 N 16 Q 17 O	18 R 19 T 20 V 21 U 22 S
Stationen der Heilsgeschichte (Teil 1): Anfang bis 900 v. Chr.	1 A a 3 G f 2 B g 5 F b 7 C e 4 E c 6 D d	I III IV II VII VI V			
Stationen der Heilsgeschichte (Teil 2): 900 v. Chr. bis 30 n. Chr.	1 A a 7 C e 2 E b 3 B c 6 D f 5 G g 4 F d	I VI II VII V III IV			
Stationen der Heilsgeschichte (Teil 3): 30 n. Chr. bis heute	1 A a 4 G c 6 F b 5 B e 2 E d 7 C g 3 D f	I VII II VI V IV III			

Materialien zum Grundwissen Religion

Kopiervorlagen für Freiarbeit, handlungsorientierten Unterricht oder Lernzirkel zur Vermittlung, Wiederholung und Festigung von religiösem Grundwissen. Für den Unterricht ab der 4. Jahrgangsstufe.

Georg Schädle
Kirche und Sakramente
56 S., DIN A4, kart.
Best.-Nr. **3470**

Themenbereich *Kirche*:
- Grundfunktionen der Kirche
- Das Innere der Pfarrkirche
- Liturgische Begriffe
- Das Kirchenjahr
- Der Kreuzweg

Themenbereich *Sakramente*:
- Die sieben Sakramente
- Die Zeichen der Taufe
- Grundakte der Beichte
- Der Aufbau der Messe
- Die Zeichen der Firmung

Georg Schädle
Gebete und Gebote
52 S., DIN A4, kart.
Best.-Nr. **3471**

Themenbereich *Gebete*:
- Glaubensbekenntnis
- Vaterunser
- Gegrüßet seist du, Maria
- Tageszeitengebete
- Gebetshaltungen
- Rosenkranz
- Psalm 23

Themenbereich *Gebote*:
- Die zehn Gebote
- Das Hauptgebot der Liebe
- Richtig entscheiden

Georg Schädle
Geschichten aus der Bibel I
56 S., DIN A4, kart.
Best.-Nr. **3736**

Erzählungen aus dem Alten Testament:
- Schöpfung
- Berufung
- Rettung

Erzählungen aus dem Neuen Testament:
- Das Weihnachtsevangelium
- Das Gleichnis vom verlorenen Sohn
- Der barmherzige Samariter
- Die Leidensgeschichte
- Die Frauen am Grab
- Die Emmausjünger
- Pfingsten

Georg Schädle
Geschichten aus der Bibel II
52 S., DIN A4, kart.
Best.-Nr. **4211**

Erzählungen aus dem Alten Testament:
- Gott rettet Noah
- Abrahams Berufung
- u. v. m.

Erzählungen aus dem Neuen Testament:
- Die Huldigung durch die Sterndeuter
- Die Heilung eines Gelähmten
- u. v. m.

Auer   BESTELLCOUPON   Auer

Ja, bitte senden Sie mir/uns

____ Expl. _____ Best.-Nr. _____

____ Expl. _____ Best.-Nr. _____

____ Expl. _____ Best.-Nr. _____

____ Expl. _____ Best.-Nr. _____

mit Rechnung zu.

Bitte kopieren und einsenden an:

**Auer Versandbuchhandlung
Postfach 11 52
86601 Donauwörth**

Meine Anschrift lautet:

_____
Name/Vorname

_____
Straße

_____
PLZ/Ort

_____
E-Mail

_____
Datum/Unterschrift

Bequem bestellen!
Telefon: 01 80/5 34 36 17
Fax: 09 06/7 31 78
E-Mail: info@auer-verlag.de

Praxiserprobte Materialien für Ihren Unterricht!